참치 하역사

시와사상 시인선 30

참치 하역사

김미순 시집

시와사상사

작가의 말

이 세상에 없을 씨앗을 찾아,
번지수도 모른 두꺼비 지문 옆에 발을 얹어놓고 있다
내가 찾는 건 없다
건조하다
수천 개의 곡식을 가지고 놀다
허공 속에서 한 톨의 향기만 남기고 흩어질까
제자리에 없는
바늘귀만 한 우주를 숨겨 놓고
혼자만 살짝 꺼내 쓴다
희부연 새벽이 더 어둡다
신산한 알갱이를 찾아 나서면
차가운 의자를 만난다
늦게 도착한 풍경이 다녀간다

- 2018년 가을
김미순

차례

시인의 말

제 1 부

렌즈 속에 심장을 담그다   11
쥐치의 의심   12
참치 하역사   13
성게의 뒤태   14
갈전갱이 생각 나누기   16
개불이라고 생각한 이유   18
꽃문어 탈북자   19
먹장어 피겨   20
물꽁   22
박대가리   24
박카스   26
복어가 된 남자   27
외도 보타니아   28
욕지도   30
천개의 행성을 품다   32
철갑둥어의 꼭짓점   34

참치 하역사

제 2 부

도다리가 섬을 건너가는 밤   39
나는 저울입니다   40
바다를 네일하다   42
경매   44
다금바리, 그 틈새로   46
달빛을 삼켜버린 오륙도   48
바람의 여행법   50
배럴아이의 고도   52
뽈찌   54
사자바위 일출   56
외포항에서   58
저 난바다 북소리   60
줄돔의 키스   62
자투리 시간을 훔친 과메기   64
티켓   66
후유증   68

차례

제 3 부

나의 도수는 몇 도일까요 73
부딪친 경계가 걸어온다 74
짝태 76
굳게 닫힌 풍랑 78
금요일의 기록 79
로프 80
방파제 82
백로 84
불가사리를 해부하다 86
적조 87
젖은 상표의 꿈 88
툭 떨어지다 89
주꾸미 90
출항하다 92
해양 속을 읽다 94
홀로 끓이는 바다 96

참치 하역사

제 4 부

거가대교　99
도루묵 아낙네　100
디포리가 아무리 헤엄쳐도　102
블랙홀　104
날치, 10월 마지막 날　106
바다 속 전개　108
소금 밭　110
순아 포구　112
스쿠버다이빙　114
안팎　116
오아시스 마켓　118
오후엔, 항해 중에　120
안내방송　121
우렁쉥이　122
학동 해수욕장에서　124
학섬 펜션　126

해설 바다로 만나는 내면의 변주곡 | 구모룡　129

제1부

렌즈 속에 심장을 담그다

비린 빗줄기가 선반 위에서 자라고 있습니다 생선의 내장에 아토피가 생깁니다 어디쯤에서 왔는지 물비늘이 밀려와 말합니다 작은 뿌리도 싹 틔우지 말자고 합니다 사방에서 잃어버린 나침판이 있습니다 누가 내 얼굴을 밟고 지나갑니다

며칠 전부터 냉동창고에 있던 얼굴이 일그러진 꿈에서 깨어났습니다 헛웃음을 손바닥 위에 올려놓고 물속으로 뛰어내린 안개를 나눠 먹습니다 내 질투가 뱃속에서 이글거리는 줄 모르고 이기는 방법을 잘 버무려 마음의 단추를 꼭 잠급니다 낡은 수첩에 적힌 바람벽에서 이슬방울은 많이 풀지 않기로 합니다

스크린에서 뛰어 오른 나는 어둠을 퍼내는 삽질 소리를 열고 들어섭니다 투망 안에 든 팔딱거리는 심장은 그물코를 찢으며 파도를 흔들어 깨웁니다

수초를 건너가는 바람은 엉덩이를 이미 반쯤 내어놓고 갑니다 부어오른 심장을 초록으로 감쌉니다

쥐치의 의심

　정말 다행이야 너희 아빠랑 똑같이 팔 한쪽에 검은 달이 떠 있었어 둘만의 눈물이 조용히 번식되었어 수돗물에 손을 담그고 덜컹거리며 국경을 넘는 세계의 하늘은 어지러웠어 분명 아랫배가 눈 내리는 무늬로 몰려오는데 약 기운이 떨어졌어 옥탑방에서 구름은 계속 잠만 잤어 맨해튼 한복판 골방에서 그림만 저돌적으로 그려 작은 눈알이랑 싸우는 거 힘들었어 바닷가 바람은 고아라고 쓰겠어 모래사장에서 깊숙한 초록은 둥글게 둘러앉았어 손수건을 돌리며 하얀 물빛을 보고 뛰었어 내가 술래가 되어 캄캄하게 젖는 사이라고 하겠어 휴대폰에 있는 사진을 보면서 엉덩이를 붙였어 살이 없어서 벨트를 허리에 차고 마음이 아파오기 시작했어 온화한 그의 모습을 보고 술잔을 채우고 컵 주둥이를 서로 튕기다가 입을 포겠어 눈치를 보다 그리곤 지우기 시작했어 그때부터 침묵이 아파오기 시작했어 물체가 둘로 보이기 시작했어 거친 숨을 몰아쉬며 날 노려봤어 서로 딴 방향으로 등을 돌리고 걸어갔어 우리는 내일도 모래도 손가락 파도를 부수면서 모래성을 찾으면 누군가의 발자국이 여기 또 있었어

참치 하역사

다섯 겹의 밀폐된 문을 열고 들어선다
태양은 투명 테이프를 붙인다
눈썹과 손가락 사이에서는 눈사람이 태어나고
얼음 무희들은 공중으로 녹아내린다
끓고 있는 내면이 몸을 훑고 지나간다
교대하는 시간 타임은 뜨거운 항문
바닥에 누워있던 밥줄의 내장을 본다
옆구리에서 폭설이 내리는 격렬한 온도는
건조해지는 생각을 골고루 섞다가
뒤엉킨 생각이 목뼈를 짓누른다
햇볕 표정 위로 해체하는 극한 작업이 고막을 두드리다
비릿한 침묵으로 혀를 내민 누름돌
깊은 곳에서 자란 등뼈는 얼룩이다
나는 심해에 잠겨있는 경고를 하나씩 되새긴다
고층빌딩 엘리베이터 올리는 소리가 난다
해석할 수 없는 소리를 걸러내면
안도감에 손이 떨린다
교차로에 선 붉은 눈알은 돌아오지 못하는 시간
긴장감이 도는 참치 줄에 매달린 목은
구부러졌다가 다시 편다

성게의 뒤태

너의 폐활량은 갯벌에서 천천히 부푼다
물결의 혀는 구름을 가리킨다
수면을 맴돌던 바람의 춤이
암갈색 몸으로 들어간다
가시밥상에 둘러앉은 말들이 널려 있고
기우뚱거리는 어선을 보다
건조한 생각을 한다
텅 빈 속은 빈 각을 갖는다
수상한 냄새에 꼼짝할 수 없어
주둥이는 색다른 바람 서식처를 바라본다
지느러미가 붉은 생각을 짓누르고
구부려진 시간을 몰고 다닌다
물살이 흐려놓은 발목은 탐색이다
창밖에는 균열된 허기가 몰려온다
돌팔매질을 하던 어린 손은
돌다리 안쪽에서 씨알이 큰 놈을 노린다
말미잘은 선상에서 쿨러에 갇히고
너는 언젠가는 돌아올 거라 믿는다
수만 갈래 물길 사이로 떼죽음 당하던
엉덩이는 혼자가 되고

건너편 테이블에서 누가 손짓을 한다
불안한 동공은 다시 심해에 뛰어들고
나는 안락한 목소리를 굴린다

갈전갱이 생각 나누기

들쑤셔놓은 생각이 퍼덕거리는 동안 지구가 자꾸 더워졌지

무덤 저편을 깔고 앉은 우리 몸은 병실 구석에 매달려 있지

네 일곱 살은 어디서 피지, 질문들을 꿈꾸던 아이들은 유영에 익숙하지

비로소 절룩이는 어깨가 있음을 알지

뱃속으로 꿀꺽 삼킨 음식은 지구풍선을 빤히 바라보지

날카로운 유혹에 어린 물고기들이 뒤뚱거리지

어제의 해님은 간이의자를 접지

오늘의 전광판은 어디로 사라져 천정에서 떨고 있을까

뉴스를 발칵 뒤집은 그들을 잘 알지

슬쩍 숲속 저쪽으로 건너가지

등 굽은 바다의 대륙붕 가장자리에서도 홀로 걸어 다니지

갈색의 세로띠는 지느러미를 가리고 있더라도 금세 알아보지

앙 다물지 않고서는 견딜 수 없는 험준한 파도의 뿔에서

냉각기의 발원지를 찾아내기 위해 책갈피 속에서 선잠을 청하지

개불이라고 생각한 이유

물속의 적막을 집어넣고
삽으로 U자 구멍을 판다
끝물에서 이지러지는 저녁 숲에 앉아
파도의 혀가 빨고 있는 미풍에 실려
화건한 몸을 밀어 넣는다
눈꺼풀은 땅에 엎드려 뭉개지고
빠른 맥박을 고스란히 되새김질하는
길고 붉은 꼬리로 내품는 특유의 향기는
침을 흘리며 깊은 내장을 핥는다
수면 위로 헤집고 나온
빛의 더미가 건반 위를 뛰논다
나는 황홀한 몸을 일으키며
휘파람 부는 잠수부를 따라
수평선 머리칼에 앉아 있다
바다는 한 폭의 노트북에 다이빙을 하고
밤은 물고랑 따라 말라간다
벌린 입을 오므릴 줄 모르는
검은 바람은 서성거리다 올라온 해물을
무수한 불빛 사이로 흘려보낸다
침묵의 심해 속에 가라앉아 있고
발기한 밤이 갯벌을 들쑤신다

꽃문어 탈북자

 방명록을 남기고 온 자리다툼에서 혁명을 읽는다 최고의 어획량은 깡충거리는 물의 비판을 들어가며 명당을 사수한다 최북단 차가운 물살에 냉기를 들어놓는다 진부한 문장들의 어촌 텃세에도 아랑곳없는 바다에 매달린 빗방울 하나, 세상은 곧 바뀔 거라고 공중부양을 꿈꾼다 그냥 발갛게 물든 볼은 물렁하다 두꺼운 겨울을 입고 살아가는 노래는 하얀 눈물이다 해양의 페이지 속에서 창문을 두드린다 푸른 선상 위에서 가난한 폭등을 지우기 위해 최고의 풍경을 펼쳐 놓고 있다 북으로 가는 물살은 붉은 신호등이 켜진다 아버지 거릉거리는 소리에 물이랑이 걸어오고 고도의 물살은 숲의 상처 위에 앉아 묵은 수피를 들어올린다

먹장어 피겨

당신은 젤리아 푸딩 싱크로드 팔색조다
이물질을 뒤집어쓴 채
창공을 날아보겠다고 꿈틀거린다
모래 파도에 빠진 껍질을 벗겨내면
점액질의 피부는 은반 위에서 군무를 한다
당신은 조류의 배관 호스에 놀아난다
다갈색 눈은 껍질 속에 묻혀 보이질 않고
적조를 토해낸다
나는 꾸물거리는 나의 발을 빙판 위에 올려놓고
발자국도 없이 소금물을 걷는다
바닷물 얕은 바리톤 소리는
살랑거리는 나뭇잎 소리다
깊은 공간은 어탁되어
발목 근처에서 쳐다보는 신선한 공기다
방파제 안쪽 한곳으로만 당신은 뛴다
기하학적인 연기를 흩어놓고
불빛을 안고 지구는 돈다
사뿐히 꼬리를 담근 물은 하늘을 맴돌고
발대식에 불붙은 순위 다툼에
남은 변수를 그램 하다

바다 복판까지 코너레인을 추격하고 역전을 만든다
물비늘이 자갈밭을 끌다 목을 세우고
기포에 가둔 숨을 몰아쉬며 파문을 일으킨다

물꽁

자갈치 판장은 닫혔다
바다 저쪽에서
또 다른 사내가 헤맨다, 지금
그는 아득한 배냇섬 찾아낼 수 있을까
쌍끌이에 들어 두 팔을 펼쳐보지만
너덜한 그물코는 구름에 걸려
항구에 다시 빈 돛을 내린다
처음부터 사람들 손에서 갈려지지만
작고 큰 놈의 차이
꽃돔 아까무스 갈치 새우 부세로
뱃속 가득 채워 보지만
뭍으로 언제 내렸는지
날카로운 이빨만 드러낸 채
나무상자 안에서 입만 벌리고 누웠다
흩어지는 어둠에서 막배로 건너와
며칠째 얼음 속에 묻힌 채
오한이 들어 몸이 움츠러든다
어디선가 짠바람이 와서 건조시켜 놓으면
고요조차 움직이지 못한 채 증발하고
질벅거리는 바닥 구석에는

밟고 간 발자국이 검게 채색되어
길어 올린 하루를 걸쳐놓기 위해
입술 빨간 작부 있는 선술집에서
파도소리에 장단 맞추다 빈손
바다를 걷다 걷다 쓰다 지우다 수차례
방파제 안쪽 깊고 센 파도 기슭에서
다시 아귀는 파닥거린다

박대가리

뱃속에 알 가진 서대가 있다
제상에 빠지지 않고 꼭 차려진다
그의 서툰 언어 때문에 혁명이 일어났다
범일동 지하철 타러 가는 금은방 길모퉁이에서
고요 속에 펼쳐 놓은 높은 소리를
너무 무거워서 내려놓는다
수많은 수수께끼들이 완성되지 않은 채
왜 흩어놓고 따라 왔을까, 일방적이다
공간 속에서 엄마는 왜 가르쳤을까
나의 평행선은 비린내가 난다
이빨을 드러낸 물범이 파르르 떤다
금방이라도 달려 들것 같다
공기를 향해 삿대질을 한다
살을 벗기고 나면 뼈만 남지
떨어져나갈 살점인 줄 모르고
멈추지 않는 미움은 사치라고 생각이 든다
지금까지 말랑한 꿈을 꾸고 있다만
더 나은 것들을 발견할 수 있을까
왜 차가운 바람 냄새를 묻히고 다니는 걸까
숨어든 벽이 까맣게 그을리기도 한 뜻을 나는 알

지 못 하겠다
　보이지 않는 투명한 질투의 꽃무늬라 생각한다
　제상 위에 얹혀있는 근엄한 눈빛이다
　어느 한 순간 내 엉덩이를 받들며
　눈빛이 쓰윽 미끄러진다
　엉덩이와 그의 머리 사이에는 거리가 없다

박카스

생선 비린내를 안고 서 있다
바람을 견뎌내는
페인팅 된 얼굴의 작은 손가방은
저녁 유리창에 찍힌 발자국이다
첨벙거리는 소리에 발을 들여놓으면
무엇을 끌어안았다 내보내는 것일까
옷가게에서 삐져나오는 형광불빛이
타고 넘은 물이랑을 서성일 때
수평선 너머까지 손을 뻗친다
일정한 거리에서 자갈 끌어모으는 소리
한쪽 면은 흙빛 물무늬로 장식되고
부서지는 등 굽은 석양은 춥다
선명해지는 창문에 옷걸이가 남자를 건다
입뿐인 맨몸은 활주로가 없다
햇살은 침대에서 밀려가듯
외눈박이로 들어앉아
갈색 야외무대의 바람 모서리를 먹어 치운다
지나가는 손에 쥐어주는 명함은
낡은 시간을 품어놓고
젖어있는 몸 냄새를 풍긴다

복어가 된 남자

회장님, 흐르는 시작점을 잘게 쪼개어 보면
얼마나 상큼한지 모르죠
그는 바다에 사는 배볼때기
볼록한 거짓말을 물고 있어요
그늘을 먹어 본 적은 있나요
입자를 쏟아내 본 적은 있나요
냄새를 저울질 하면
검은 무게는 더 늘어나고 있어요
궤도를 걷는 경계와
스크린은 논하지 마세요
목젖에 엉키는 공포영화
몸이 오싹거려요
그네 타듯 차가운 것들이 흔들리고 있어요
화난 감정이 바스락거려요
당신은
검은 실핏줄을 질퍽하게 쏟아놓아 본 적은 있나요

외도 보타니아

 잘 숙성된 항아리이다 아담과 이브는 환상 속의 섬에 이륙한다 살을 가르는 동안 바위섬에 걸터앉은 포토존이 안개에 쌓여있다 절벽 밑으로 보이는 발가벗은 안경은 물속에 잠들어있고 아이는 길게 누운 산 그림자를 업고 뛰어 다닌다

 불면증 앓던 야윈 백일홍은 바람을 타고 있다 앙상한 바닥에는 마른 비늘 파닥이는 무심한 눈물은 뜨거운 책장을 넘긴다

 벤치에 앉아 있던 밤이 날아간다 섬을 담그던 물의 가장자리에 안개비가 발목을 잡고 있다 발가락 사이로 바윗돌은 내 안에서 깨어지자 울창한 숲은 이불솜처럼 따뜻하다 파도가 뒤적이는 방명록에는 늙은 어미가 밥그릇을 놓고 운다

 검색하던 꽃비는 바람에 젖어들고 꿈은 아직 꽃그늘에 엎드려 있다 떠밀린 거품을 돌려세우는 지질도는 모든 기능이 마비된다

소녀가 풀밭에서 그네를 탄다 거친 바람 속에서 성장기를 보낸 물결은 주피터가 상처를 찌른다 진통이 그치자 바이올린을 맨 악단들이 산책길에서 음악 냄새를 산란한다 몇 억 년은 더 버티다 가야지 미끄러운 바위가 내뿜는 숨소리가 차다

욕지도

해삼은 등받이가 없는 돌에
몸을 붙이고 산다
정신줄은 어디다가 내동댕이치고
온종일 욕만 해댈까
치매의 날개는 욕으로 날지 못한다
바다 한가득 검은 물만 붙잡고
차가운 숨만 몰아쉰다
암초 그늘에 몸을 구부려 넣고
주름진 등껍질은 물끄러미
바다 위 지나가는 배를 바라본다
끝없이 걸어야 하는 길이 도리질 당하고
차가운 얼굴이 떨어진다
자식들이 싸우는 파도 소리를 듣고
두꺼운 벽을 등지고 산지도
깊지도 낮지도 않은 물속에서
눈동자 풀어진 해삼껍질 입을 다물자
바닷물이 혀를 끌렁 차고 오른다
비늘거품만 동산으로 밀리다 흩어진다
늙은 혀끝에서 오락가락 쏟아내지 못한 욕
치명적인 물 속 상처, 길이 바뀐다

최초의 뭍으로 돌아가기 위해
바위 옆구리에서 곪아가고 있을까
주름진 물그늘이 흔들리는 발자국소리
짠물 머금은 무거운 눈빛이 한참 서 있다
어둠 속으로 들어간 해 조금만 머물게 해다오

천개의 행성을 품다

　뼈대 없는 심해 속에서 흔들리는 투망을 건져 올린다 산란기 바다가 거물에 매달려 적정수위를 넘어선다

　건망증 심한 파도는 착지를 못하고 기억의 갑판 쪽으로 기운다 여러 개의 빈방이 허전하다 밤마다 사랑은 죽고 인지능력 익숙하다 수화로 회고록을 작성하고 창밖에는 빗줄기 굵어지며 정전이다

　판화 조각을 하며 지문은 할퀴고 퇴화된 팔 다리는 낮은 보폭으로 걸어간다 물살은 겨울을 빠져 나간다

　조명이 켜지고 혼자 중얼거린다 물속으로 깊은 내가 걸어간다 투명한 소금물에 잘린 손가락이 지나간다 나는 광활한 백지 위에서 바다를 불러 모은다 가난한 촛불을 초대한다

　구멍 난 페이지에서 방향 잃은 작은 발이 어두운 수면 위를 더듬을 때 습한 선상 위에 잿빛도시가 태

어난다

  목구멍 속으로 어두운 골목이 사라진다

철갑둥어의 꼭짓점

푸른 페인팅을 하는
철갑둥어 언어가 지붕 위를 걸어 다닌다
슬레이트 고랑 사이를 주춤거리며
협곡에 흠뻑 적신 붓을 굴린다
여백은 넓고 다시 높다
번져갈 수 없는 천정 밑바닥에서
제멋대로 배치된 색채는
때 묻은 내 옆구리 버튼을 누른다
검붉은 숲을 기웃거리던 나뭇잎 하나
느린 걸음으로 걸어온다
그림자는 내 늑골 부근에서 졸고
선명한 지느러미를 지닌
최초의 온도가 나를 부른다
구름 속에서 일어나는 한쪽 날개가
앞발로 흩어진 모음을 걷어내고
뒷발로 흙 속으로 파 들어간 두더지는
주둥이로 빗나간 발원지를 물어다 나른다
집 앞에 심어놓은 젖가슴이
단풍나무의 혈통을 물려받아
입속에서 투덜거린다

맨발에 튼실한 산수화가 될지
숨은 인물화가 될지 모르는 아가미는
검은 물감통에 스크랩되고 있다

제2부

도다리가 섬을 건너가는 밤

뾰족한 입은 제 자신을 내뱉고 있지요 갯지렁이를 입에 물고 어둑하게 모여 있지요 쿨러 속에서 하염없이 얼어버린 꿈이 있지요 찬 바다를 피해 먼 곳까지 피항 나갔던 그가 돌아와 바람을 타지요 검은 별무리를 짊어지고 막노동을 하지요 식당에 모인 사람들이 그의 독백을 듣고 비시시 웃고 있지요 텅 빈 술잔을 탕 치면서 떠오른 봉들이 바닥에 닿아 있지요 모래먼지가 사랑을 자극하지요 붉게 충혈된 울음이 방파제 내항 속에서 흩어지지요 날카로운 하얀 입김 속에서 누워있는 밤은 헐렁하게 흩어지지요 A4용지에 풀어놓은 차가운 비밀은 쓴맛이지요 검은 눈알을 아무리 굴려 봐도 물컹거리는 탄식뿐이지요 지구의 느린 조류, 얼굴에 딱 붙어사는 나는

나는 저울입니다

누가 내 머리 위에 젖은 소쿠리를 얹어 놓았을까요
크고 넓은 무게로 쓰고 있습니다
푸른 바다 속에서 굴은 몇 그램일까요
내 무게는 몇 천 그램으로 누가 달아주나요
나는 몇 십 년 전에 섬으로 떠 있었어요
섬이 있는 쪽으로 소쿠리가 기울어요
바다가 균형을 잃고 먼 산으로 향해 고개를 꺾어요
섬은 수평선을 안고 내려가요
섬 이야기의 무게가 너무 무거워요
파도는 섬을 안고 어디로 흘러갈까요
무게를 감당하지 못하고 수면 쪽으로 기우려요
몇 십 년 전에는 바다가 달만 품었어요
비바람이 혀를 놀릴 때는 저울이 망가져
발이 묶여 버릴 때도 많았죠
처음 뭍으로 이사 올 때
밖은 무한히 열려 있었지만
내가 딛는 발밑은 질퍽했어요
짙은 안개를 쳐 내느라 시간을 다 써 버렸지요
작은 봉창에 햇볕이 가지를 뻗고 꽃을 피웠어요
햇빛이 손끝에 묻어날 듯 말 듯

귀가 바다를 담으면 무거워지듯
그것도 구속이었어요

바다를 네일하다

숱한 환상을 흩어놓고
만삭의 계단은 오른다
계단은 숲에서 자꾸 멀어져간다
모니터가 낯익다
그림이 쉬울 것 같진 않아
물속의 하마와 하늘의 무녀가 속을 썩인다
카인의 문자 메시지가 마음을 들쑤신다
웃고 있는 히트작품이 재탄생한다
나선형 캐릭터가 멀어지면서 사라진다
처음은 아니겠지만
다른 인격을 좋아하든 말든
색채의 배합에 재활용은 부정하지 않고
보이지 않는 차가운 열기를 내뿜는다
붉은 색조의 재앙 속에서
낮게 엎드린 대합실은 내 곁에 누워있다
화려한 이면에는 누군가의 불운이
햇볕에 자라는 무서운 소리로 몸을 비틀고
몽상가의 사이렌 소리가 지나간다
잡히지 않는 느낌표들이 들린다
아무리 닦아도 완벽한 수위는 없다

착시현상에 바다는 젖은 혀가 자라고
빙하의 고무줄은 차가운데
계단에서 네 번째 줄
하루를 걸쳐놓고 아버지가 앉아계신다

경매

생물들이 살아 움직이는 외포 공판장에서
경매사 손놀림은 소금꽃이다
어둠을 물리치는 사이렌 소리가
산을 이룬 상자를 넘어간다
반짝거리는 눈을 맞추며
웃는 아침이 출발한다
일순간 숫자 틈새에서 꽃을 폈다 오므렸다
헐거운 손놀림이 느슨해질 때면
햇빛 내력이 조여진 나사
소금꽃 핀 것만 봐도 활기찬 오늘이 전개되고
알 수 없는 표정이 굴절된다
불꽃 튀는 눈으로 꽃대를 뽑아든다
칼바람에 상기된 잎사귀를 펼쳐 보이며
봉우리 맺는 한 사람의 낙찰
쉰 목청에서 숫자가 손가락 안으로 숨고
물매기 상자 쪽으로 주시하는 눈빛은
초점이 한 곳에 꽂힌다
노련한 기술의 목소리가 울려 퍼지고
기호를 하나씩 폄칠 때마다 손가락에 핀 꽃
깊은 의미를 공중에 분해시키고

오늘은 평행선을 유지할 수 있을까
경매하는 마음과 몸이 모두 바다다

다금바리, 그 틈새로

지구의 건반을 두드린다
단아한 웃음은 담청색 모습을 띠고
무료한 일요일 외부에 세 개의 가시는
끝을 향한 강한 흔적이다
예민하게 너와 나 사이는 측편이 되고
돌이킬 수 없는 발자국은 구름만 골라 걷는다
공간이라는 강한 아가미뚜껑 뒤에
침묵은 소리 위에 바람을 빌려
연한 갈색 바탕을 거두어들인다
물밑을 지나가는 북극 바람에
일렁이는 검은 반점은 화색이다
수면 위에 잠긴 떨어뜨린 난청은
밀어를 속삭인다, 함성을 찾기 위해
두 귀는 항상 바위틈에 걸어 두고
따라가지 못한 운율에 맞추어 문을 연다
금이 간 물살은 이미 죽은 소리 속에서 자란다
너는 나에게 숨기려 하지만
입은 한 개의 시로 열려 있고
구멍은 보도블록 사이에 핀 야생화일 뿐이다
증발은 분명 어디에든 환생한다

그냥 말똥거리다가 수돗물에 손만 씻는다
모르는 척 이 페이지를 그냥 넘기면서

달빛을 삼켜버린 오륙도

스카이워크 난간을 잡고
썰물과 밀물이 밤을 초대한다
발밑으로 보이는 바다를 걸으며
가파지는 숨소리를 가다듬는다
멀리 수평선에 저인망 어선이
그물을 끌고 지나간다
흐르는 불빛의 방향과 투명함은 손에 잡힐 듯
우뚝 솟은 다섯 손가락 사이로
빨려 들어간다
상징 속을 한 마디 말없이 떠나는 달빛
그 체온에 젖은 밤
샛바람 사이로 풀잎이 일제히 눕는다
일렁이는 잎들은 바람 속으로 흩어진 허공이다
제 그림자로 지는
어둠은 달빛을 삼켜버리고
배를 떠나보낸 감정에 몰입되어
그 자리 멈춰 서 있다
아무도 몰래 덧신 벗어들고
힘껏 흔들어 본다
어느 새 등 뒤에서 반짝이는 무늬들이 체위를 바

꾼다
　배회하던 보름달 수면 위로 쏟아진다

바람의 여행법

바람 냄새를 물고 떠난 도장포 마을은
풍차 소리를 내 목소리 안으로 밀어 넣었다
잔디로 다듬어진 손바닥 안에는
단정한 필체가 투명한 꽃무늬로 남아
해풍 속에서도 잠들어 있었다
자생하는 키 작은 지문과
뿌리내린 수령 높은 동백나무 군락 위에 서서
주름진 공기의 수피는 그 자체로 남아 있었고
핏빛 꽃망울은 저녁을 펼쳐 입고
바람의 습기가 고단한 소나기를 내던졌다
흙과 통나무가 어우러진 계단 끝에 서면
사구를 향해 염소 한 마리 풀을 뜯고 있었다
태풍의 눈이 자라고 있는 문장에 밑줄을 그으면
체구가 큰 나는 온도의 저항을 받아
챙 큰 모자가 귓바퀴에 걸렸다
홀가분하게 굴러가는 셀카 속에서
해풍을 흡입하는 필름은 표정 없는 약관
몽돌 하나를 주어서 던져본다
곧잘 수평선 너머로 나를 내몰고 책장을 넘겼다
악다구니를 하는 곰보바위의 비릿한 노숙은

수첩 내용을 모두 외우는 녹음기다
아무 준비 없이 메마르고 보잘 것 없는
잠을 목에 건 명상은 늘 배가 고팠다
함께 부딪치며 손이 시릴 때에도
하나의 존재함을 숨겨야 하는
민얼굴을 하고 있는 나를, 거기 두고 왔다

배럴아이의 고도

넓은 시야를 깔고 앉은 초원이다
더듬이는 벌거숭이로 몸을 부비면서도
표정은 웃고 있다
귀 안에 비어있는 환청은
짙은 물속에서도 물갈퀴를 저어댄다
손전등과 달콤한 얘기를 주고받으면서도
무덤으로 쫓기는 모험을 즐긴다
언제 닥칠지 모르는 포식자들의 아우성이 들린다
바람은 괴물을 숨긴 사막을 물고 늘어진다
제멋대로 어려운 퍼즐만 맞춘다
수풀 속에서 지느러미 뒤틀면서
흘러나오는 4개의 눈알이 굴러다닌다
입속에서 존재하는 큰소리는
커피잔을 내밀고
프런트에선 붉은 눈물을 만든다
속눈썹이 내려앉은 신체 구조에
턱은 얼마나 큰 고통인지
삭다만 안개의 내장을 본다
심해에서 향기를 품다 하얗게 증발한다
눈을 찡그린 첫눈이 쏟아지고

투명한 크리스털은 변화를 갈망한다
비스듬히 누운 콧잔등에
푸른 물이 차오른다

뽈찌

너의 발자국을 찾아 나서면
예리한 더듬이가 혓바닥에 닿아 있다
성스러운 몸을 찾아온 온기다
바닷물에서 휩쓸고 지나가는
부재 중 기록 하나
아이들 웃음이 마우스에 앉는다
냉한 얼굴 소금 거품에 묻어
새카맣게 그을린 턱은 추위를 밀어내고
벗은 모래알은 손등을 더듬는다
어딘가 가고 있을 질문들을 던지며
의심만 블로그에 올린다
눈망울들 속삭이는 소리가 들린다
빛바랜 수면을 열어 놓고
주위를 힐금거리며 응시한다
입김에 서린 콧등이 구부려진다
사각 난 도시락에서
꿈꾸는 블루베리 치킨을 먹으며
온풍기 옆으로 누운
너의 시끄러운 목소리가 흩어진다
두꺼운 계절은 공중으로 잠 깬 아우라지

선명한 속눈썹 사이로
눈꺼풀은 대답 없이 수선스럽지만
우리는 모두 닭싸움을 한다
지구와 장미, 참새와 칠판

사자바위 일출

어둠을 뚫고 꽃향기가 번져 나온다
잘려나간 햇살 원형은 수면에서 뒹굴고
오메가 목도리에 소녀들 웃음소리 노랗다
바닷물을 쪼개는 발원지는 포인트에 도착한다
침랑 속 내품는 숨소리가 차고
수군거리는 은하수가 나를 깔고 앉는다
절벽 사이 풍난은 배가 드나들 때마다
원석에게 손을 내민다
이글거리는 눈알은 지퍼를 올리고나면
아무것도 보이지 않는다
사람들 얼굴이 희미하게 보일 때
휴대폰 불빛에 새벽이 깊어지고
출생지에서 벗어나지 못한 붉은 눈빛은
음악에 맞춰 정원에 켜놓은 반딧불이 되어 나른다
나는 부릅뜬 눈동자 앞에서 설익은 꽃을 피운다
부드러운 순례, 간절한 목소리로
디카의 삼각대를 세워놓고
바위 위에 걸터앉아 꿈꾸는 숲은 뿌리가 뒤엉켜
간다
　사나운 숨소리로 공격해오는 온도를 포스팅하다

나침판 위에 앉아 있는 꽃은 삼켜버린다
밤은 나에게 너무 오래 머물다 놓아주지 않는다
웃는 눈을 갖다 대자 휠체어가 밀려간다
스크루에 감긴 여명이 빛을 발산한다
영역 밖으로 벗어난 바위 밑 수로에
지그시 눈을 감고 있다

외포항에서

멀리서 밀려온 푸른 화면을 열면
천막 위에서 모로 누워 한숨짓는 소리가
흐린 잠결에 엉켜 있다
멸치 귓불 위로 지나가는 주검은 침묵뿐이다
해풍은 남은 겨울의 온갖 구름들을 품에 안고서
찌릿한 냄새를 발산한다
바람은 태엽을 더욱 감는다
캄캄한 심해 속에서도
뭍이 그립다고 내색 한 번 하지 않고
작은 봉창 문을 열고 방안에 가득 들어앉은 바다
젖은 두 눈, 뜨고 있지만 잠겨진 분화구다
바다는 얼마나 울었으면
흘릴 눈물이 없어
수정체에 검붉은 뻘밭만 보인다
언제까지 말라야 안개가 걷힐까
지느러미를 둥글게 말아
서서히 수평선을 끌고 가는
알 수 없는 깊은 눈에는
조그만 벽시계의 날개가 휜다
어스러지도록 온 몸을 뭍에 내려놓고

날개를 파닥거리며 혈관을 말리는 멸치
그 옆에 나도 햇볕을 받아 모으고 있다

저 난바다 북소리

정월만 되면
아버지 낡은 배는 새벽을 건너온다
북소리 몰고 다니다가 풀어야할 듯
시달리는 난파선의 출렁거림
어둠을 맴도는 가문비
달빛은 잠인지 죽음인지 바다 위로 떨어진다
출렁거리는 배 위에서 해를 집어올린다
잠은 불어 있는 우동처럼 끊어지고

거친 저 바닷속 갈망은 북소리로 울어댄다
지그재그 꼬인 매듭을 풀어
험난한 바람이 수놓은 허공에서 흔들리다
무거운 이마만 때리고 달아난다

창호지 구멍 사이로
실핏줄 햇살은 얼굴을 달군다
주름진 정원이 문지방에 찾아든다
 설움의 각질 나에게 다가와 체하지 않게 꼭꼭 씹어 먹어라
 아픈 손길을 토해 내신다

내 작은 옷깃은 바스락거리며

이제 아버지 빈 바다는 썰물 되어 빠져나간 자리다

먹물 먹은 북소리 배 끝에서 멈칫거리다
어느 날에는 낡고 주름진 소리
이유 없이 내 귀를 두드린다

줄돔의 키스

잠든 발꿈치 바람이 간지럽다
소금창고 어린 꽃무리
빗살모양 비늘을 들여다본다
귓속말에 숨어든 뾰족한 주둥이가
검은 줄무늬로 반짝이고
등 뒤 작은 눈은
바위틈으로 유영한다
부리가 창문을 빨아먹고 간 밤
타원형 까만 입술을 남겨둔
알싸하게 매운 아침의 나라 미간에서 함께 산다
공중에서 물 위로 꼬리지느러미를 올린다
꽃망울은 야행성이다
붉은 언어 나이테 눈꺼풀을 포개어본다
바람을 타고 오르는 지느러미가
꽃 편지를 보낸다
새빨갛게 충혈된 눈에는
헤어진 꽃잎사귀가 잉크 빛 혈관이다
프레임 다질 때까지
시큰한 콧방울로 유리 공원을 걷는다
요염한 자태로 혓바닥을 내밀다

농담 속에 밤이 찾아왔지만
너무 일찍 서두르지 않은 것은 잘한 거다

자투리 시간을 훔친 과메기

일렁이는 꼬리의 무용은 참 홀가분하지요 약속이 되어버린 장바구니를 들고 남겨진 새벽 지느러미를 흔들지요 초점 없는 나무는 내일을 걱정하지요 열어둔 두 귀는 성냥개비 마냥 쪼개진 오후 속으로 걸어가지요

나는 컴플레인 걸린 냉방에서 웅크리고 앉아 말없이 붉은 곰팡이 냄새를 풍기며 피어오르지요 얼굴엔 탄생하는 꽃 기름으로 번들거리며 송별회의 달콤한 발자국을 낭비하지요

조용히 놓아주며 가능성에 열린 맨발에 제법 의사가 통하지요

식탁을 입속에 펼쳐놓고 끈적거리는 포크로 필사한 모니터에 키스를 하지요 마음을 삭히느라 구름에 대한 포착을 작곡하지요

움트고 있던 생명이 검은 눈알을 부라리며 눈치를 보고 있지요

늙은 사내가 입맛을 다시며 노트북에서 밑반찬 한두 가지를 꺼내 들고 손이 작으면 못쓴다고 잘린 손가락으로 대결을 하지요 모양도 없는 막사발에 투명한 소금물을 데우지요 몸통은 기호의 고개를 숙이고 지나가지요

어두운 물속을 하염없이 헤엄쳐 다니는 아가미는 입을 틀어막고 뭔가 응시하고 있을 때 친구들의 얼굴이 차례로 지나가지요

숨쉬기 위해 검은 싱크홀에 쑥 빨려 들어가는 녹색 노트는 한 문장의 푸른빛만 차례로 지나가지요

티켓

　작업장 한편에는 꽃술에 굶주린 고양이 한 마리 누워있다 불임의 여자를 낚으려고 페스티벌 뮤지컬 공연에서 배는 방파제를 밀어내고 있고 로프가 잡고 있던 손은 출항을 위해 탱고를 추고 있다

　경쾌한 리듬은 여러 개의 얼굴로 바다 바닥에서 숙성해 나가다 밤낮으로 죽고 하루에 몇 번 태어난다 새벽 3시쯤 미지근한 꿈에 들면 물안개 하얀 사타구니 사이로 얼굴을 내민다

　쌍끌이 저인망 갑판에 숨어든 포말은 얼굴에 등대를 등지고 데워진다 잠든 불빛의 보폭을 맞추며 질문과 답은 몇 송이 꽃을 나누어 가질 것인지 소금 입술로 같은 말을 포갠다

　커튼이 열리고 탈모의 얼굴을 가진 나는 묘한 분위기를 연출하며 손바닥 안에 그려진 오르가즘을 출입문에 걸어놓고 끝없이 태어난다

　서로를 빌려 쓴 양팔은 역방향으로 입맞춤을 한

다 진한 색깔은 취한 말들만 전속력으로 고삐를 들고 달린다 배속에 빨간 아지랑이는 달아오른 육체를 깊은 물의 자궁 속으로 던진다 보랏빛 묻은 안개꽃 한 다발이 피어난다

  어부의 안구 안쪽으로 흐르는 헛꿈은 초인종을 누른다

후유증

그는 바닷냄새를 좋아한다
어깨 위에는 망태를 짊어지고
산소거품을 내뱉으며
갈고리를 들고 날마다 수중으로 채석을 떠났다
잠수선을 타고 거친 파도의 입들과 함께
바다 한가운데에서
물밑 깊숙이 비포장 십리 길에 등고선을 꿈꿨다
진흙탕 끓어오르는 지구
성난 파도에 몸을 맡겨놓고도
들숨과 날숨으로 흩어지는 썰물과 밀물을 탔다
수십 년 동안 안도해안에서
개조개, 피조개, 개불을 파며 바위틈을 더듬었다
매점 지나고 뻘밭을 질벅거릴 때
한 손에 다른 기술의 비커를 움켜쥐고
광채를 품고 있는 산호초
그때부터 바다 꽃을 채굴하는 일몰이다
너무 깊은 곳에 들어가서 시비에 걸리면
수압이 몸을 조여 죽을 고비를 넘기고도
바다 위로 올라온 심해 꽃들은
불 올리는 시작점이다

거친 파도의 향신료를 팔아
팔 남매 이름들이 쫄깃한 기억 속에서 읽히고
나는 한그루 작가가 된 후에야
그가 오랫동안 바다 밑을 표류했다는 걸 알고
반짝거리는 불가사리별을 만지작거리며
크고 작은 백색 꽃들을
붉은 가슴 속에 키우고 사랑을 본다

제3부

나의 도수는 몇 도일까요

포자들은 다시마아파트예요
어떤 비주얼이기에
서로 핥아주며 젖꼭지를 물고 늘어질까요
발소리 내지 않고 대문 밖에서
휘파람을 불며 서성거려요
아버지 파도치는 소리에 치아를 깨물고
치맛자락을 붙들고 내리고 싶다는군요
내 영역에 들어오면 위험해요
고기잡이 떠났던 어부들은
주낙을 못 찾으면 그날 조업은 끝인걸요
몇 시간을 바다 밑동을 쓸다 보니
무릎이 시리다고 하네요
브로맨스의 생태계는 붉은 비가 내리고 있어요
심해의 비행속도는 몇 도로 측정되나요
물속에 있는 진흙탕과
모래돌섬은 누가 더 오래 살까요
연대기가 악몽으로 추락하고 있을 때
거품이라도 잡고 꾹 누르며 일어서고 싶어요
통발 안에 든 붕장어를 건져 올려요

부딪친 경계가 걸어온다

 논란이 불을 켜는 동안 마른 물고기들이 땅바닥에 누워 몸부림치고 있다 어둠 속에서 나는 잠시만 같이 있기로 한다

 같이 죽지 않기 위해 지느러미를 비비며 꿈틀거려 보지만 삶은 얼마나 깊이가 있을까

 흘려 들어오는 어둠을 내가 마실까 봐 두려워하던 나는 가슴을 불 위에 올려놓고 있다 부르튼 입술이 나를 향해 외치는 소리가 들린다

 가난을 입에 말아 넣고 있는 동안에도 젖은 몸을 말리기 위해 자꾸만 침을 뱉는 입이 바짝 타들어가는 네 깡마른 비늘 위에 얼음이 채워져 꼬리는 잘리고 눈은 움푹 들어가 있고 입김만 품어댄다

 동그라미 두 개가 스타디움 광장으로 빠르게 걸어간다

 뜨거운 설계 도명체가 고개를 갸웃거린다

아가미에 물코가 찢어진다

서둘러 부표를 끌어올리는 숨 막힌 적막이 흐르고 밤늦게까지 계속 이어지는 조업에 상자가 비좁을 정도로 가득 메어지는 최상의 급랭

짝태

밤마다 맛소금에 절인 905호 남자는
술에 찌들려 바짝 마른 명태가 되어
바람이 두 뺨을 치고 지나간다
제 갈 길을 잃은 건지
온종일 마을 주변에서 서성이다
새벽 세 시에 현관문에 걸린다
엘리베이터 올리는 소리가 나더니
초인종 소리가 계속해서 들린다
여자 악쓰는 소리 철문 발로 차는 소리
밖으로 얼굴을 내밀지 않아도
투덜거리는 사람들 속으로 남자는 새로 태어나고
발자국 소리에 맞춰 계단이 내려간다
다시 빛과 어둠이 교차되더니 조용하다
불안을 비우고 벽에 기대어 바닥에서 잠든 남자
눈시울에 고단한 하루가 누워있다
불을 켜고 바로 누운 심해어로 다시 태어나
지느러미 활짝 펴고 중심을 잡았으면
심해를 유유히 헤엄칠 수 있었을 텐데
떨어져 나갈 살점마저 말라버린
속이 누렇게 변해 영하의 칼바람에도

코 낀 하늘을 향해
입을 쩍 벌리고 바람 세례를 맞는다
사각거리는 얼음을 한 움큼 집어삼키며 매달려
열매를 맺지 못하고 울던 남자는
마른 껍질에 윤기 없는 잎은 떨어진다
휘어진 가지 꺾어져 고개 숙이고
적막에 기대어 흔들리고 있는 명태 한 마리

굳게 닫힌 풍랑

바람으로 흩어진 방랑자가 있다
저인망은 만선을 하고 돌아오는 중이다
앞바다는 황금빛 지느러미 사이에서
미로를 유영한다
구명조끼 입은 채 나무토막을 잡고
하얀 물거품을 이루며
표류하는 파도는 난청을 앓는다
영하의 기온은 바닥에서 일렁이고
아가미 사이 지나가는 의지는 물결처럼 차갑다
입술을 굳게 닫은 문장들은
밤새도록 젖은 옷을 벗고
얼다, 떨다, 뛰다
시간 속 난바다를 사투한다
나는 바위 사이에서 차가운 낚시에 걸린다
게거품 토해낸 항구
검은 목선을 가슴 속에 넣고도
바닷냄새가 좋다며
청춘과부는 뒤집혀진 구름 근처를 서성이고 있다
구겨진 낙타 등을 짊어지고
늙은 제상에 향불을 피운다

금요일의 기록

피크닉 국립해양박물관 속으로
방파제가 들어가 물거품을 일으킨다
헤엄치는 물고기들 사이에서
부딪히는 파도의 혀가 심상치 않다
나팔 소리를 머리에 이고
이 시대에 닻을 올린
크루즈선 캠프스의 출항은
세계 밖으로 떠나는 북극곰이다
푸른 물결의 서술법을 찾으러
한 발 두 발 얹어놓은 문체는 다양하다
마음 한구석 두려움이 자라나
산란하는 모음들은 연이 되고
비상하는 목차들의 점자를 본다
소금의 다이빙은 유전이다
활주로는 세계로 거슬려 올라간다
신비로운 문장들은 유령이 되고
짠물에 눈을 감고 주먹을 쥐면
아침은 돌출하는 에피소드로 넘기겠지
수심 깊은 물밑에서 봄의 체온은
에메랄드빛 수평선 벤치에 기대어
아름다운 연대기를 출렁이겠지

로프

갈색조류가 고패질을 한다
토막 난 파도의 혓바닥이
물컹한 나를 꿀꺽 삼켜버린다
붉은 재앙을 씻어내는
배달된 무당이 만선을 위해 징을 울리고 있다
근해연안에선 싹쓸이하는 것을 보고만 있는
눈들이 자라고 있다

출하 기간이 끝나고
너와 나는 서로에게 멀어지면서 대칭을 이룬다
끊어지지 않는 거친 줄 사이로
바람의 주름들이 배꼽까지 숨어든다
바다 밑동은 빈 독

바닷가에 앉아 암컷과 배양하다
없는 숫자만 톡 튕겨 나뒹군다
나는 어디론가 발송하는 수초더미에 흐른다
튜브에 부피 큰 허공을 담고
잠수하던 밧줄의 미동은
손가락을 치는 아가미 사이로

세계를 돌아다녀 본 첼로 소리가
입속 깊숙이 아직 살아 움직이는지 의심이 간다
몸에서 플러그를 뽑는 사이
갑판 위로 통쾌하게 치솟는 몸통은
계단 열두 개를 밟으면
반지하 안태 고향을 가슴 속에 넣고 산다

방파제

자맥질하는 숨 가쁜 모빌은 햇살이다
따뜻한 눈물이 되기 위해서
청태 낀 섬돌이나, 물속에서
북 치고 장구 치고 조개껍질 가지고 놀았다
고기 그림자 수없이 유영하고
먹히는 줄 모르고
해초를 입술 대고 갉아먹은 채
수없이 왔다 갔다, 속삭임이 들린다
홀로 웅크리고 앉아 먼 등대만 바라보고 있는 아버지는
그물코 깁으며 또 하루를 연다
허전한 구멍을 메우던 나는
당연한 일처럼 함께 하였다
아찔한 전율에 젖은 소리가 난다
가장 깊은 곳에서 날숨을 밀어 올리며
가도 가도 검은 물살만 일렁이는 허기다
바위로 굳어가는 긴 적막이다
천근 무게를 머리 위에 얹어놓으며
던진 그물을 당기시던 모습은
안으로 감춘 먼 출항을 어망 속에 구겨 넣었다

태어난 곳이 섬인데
뭍으로 가서 뭘 해 먹고 사나
아무도 모르게 쉬어가는 외진 자리에 주저앉아
바닷냄새만 지키고 계신다

백로

수상한 온도는 낙동강하구 수면 위에 앉아 있어요
검은 물빛 밖에서 낯가림을 해요
누군가 불빛 꺼놓고 다닌 밤들이 빈칸을 채워요
붉은 개펄 은하계를 바라보던 소음은
우주 먼 곳에서 날개 반쪽 떨어져 처박혀요
아무도 몰래 내 심장은 바닥에 떨어져
아직도 감정이 덜 풀린 물웅덩이를 지나
두근거리는 안개의 발자국을 따라가요
에코센터 늪지에서 천연기념물은
오목렌즈 속에 들어앉아
먼 곳을 마주 잡는 물갈퀴 단단해요
당신이 밟고 간 공간에 비스듬히 누워
대문 두드리는 소리에 습지로 나가 보니
문을 열어준 승강기가
죽은 새끼를 손에 들고 있어요
늘 집에 갇혀 지내는 구부러진 목소리는
분신을 묻기도 전에
녹조 섞인 조류 앞에서도 별똥별이 밀려와요
건널목 앞의 신호등이 꺼져
파도가 잿빛 물감 통에 모이고 있어요

날개가 부러져 날 순 없으나
닳은 관절로 끌고 온 은빛 돌 틈 사이에서
흰 발가락이 움직여요
두 발을 보안카드에 담그고 헤엄치는 작은 발이
무수한 기억을 꺼내다가, 우는 건 내가 할게요
비늘구름도 온 힘으로 공중에 잠시 걸어둬요
외딴 행성 질문들이 무수히 걸어와요
풀숲 밖에서 푸른 걸음마를 하고 싶어요

불가사리를 해부하다

가시 덮인 몸은 바닥에 앉아
항해하는 바람을 조용히 수면 위로 띄운다
시뮬레이터는 가상체험을 하고 있는
허락된 회항에 대한 관성이다
짙은 구름에 팔이 잘리면 그곳에서 새로운
팔이 자라 나오고
분비물을 머금고 있던 자리에
새로운 항문이 살아 오므린다
흔들리며 밖으로 떠올리는 소화샘은
바닥에서 올라온 그늘이다
담그고 있던 자리에 수많은 알을 낳아
파도의 발바닥이 떠받들고 있다
헛발질에 뽀글거리며 올라오는 음악 소리는
어김없이 먹이를 고정시켜
내 노래 위에 잡음일 뿐이다
남기고간 발자국은 집을 짓는다
심해의 적막이 서서히 말라가면
손톱은 손가락들과 동성연애를 한다
별은 계절을 옮겨 날아간다
몇 가닥 풀들의 강한 생명력에 놀란 나는
실험 방법을 꺼입는다

적조

빛나는 대구 따뜻한 목소리가 들린다
온몸으로 파고드는 밀물과 썰물 사이로
눈빛이 차갑게 반짝인다
물속에서 표자들이 바위에 달라붙고
꼬리지느러미 울림에 물이 갈라지면
알 굵은 대구들이 치솟는다
바다 어디로 가나 볼 수 있는 적조에
물고기들이 몸살을 앓고
무더기로 폐사하고 몸은 뒤집혀져 있다
피가 말라가는 힘겨운 생존 속에서도
소금기 품고 있는 짙은 몸통
힘찬 몸짓으로 하루의 탄생을 환호하며
바닷물 이불 걷어내고
등지느러미를 곧추세워 헤엄친다
아가미가 열리고 닫힐 때마다
물길의 깊이가 깊어질수록 우묵해지는 대구
말하지 않아도 귓속에 갇혀 있던
우리들은 할 수 있다
껍데기뿐인 등가죽도 팽창한다
혀를 빼문 파도를 덮어쓰고도 버티면
언제 닥쳐올지 모를 적색파도 걱정 없다

젖은 상표의 꿈

눈알이 자라는 두꺼운 책을 읽으면
벽을 둘러싼 문이 팬티를 입고 있다
어디선가 어려운 아우라지 화살이 날아온다
백야의 지갑에 카드를 넣고
믿어 울음소리를 듣다 문득
폭설에 빠진 문장 속으로
구름의 조도는 맨홀에 빠진다
부재중 발사 위치 내륙으로 이동 의도는
소녀들 문자메시지에 콘택트를 끼우고
어떤 냄새가 사는 셔터의 눈인지
스컹크 냄새가 매우 지독하다
투명 인간이 맴돌다 부딪힌다
숨어있는 마법의 성에 들어서니
방파제는 출렁거리며 밤을 건너간다
늙은 청바지를 가위가 무릎을 절단한다
맨홀에 있는 컴퓨터 속에서
그가 나를 끌고 간다
화창한 대낮에 구두가 자란다
나는 한 통의 주소를 훔친다
외계인은 바늘구멍을 통과하고 싶다

툭 떨어지다

수평선은 속독사다
책갈피를 빼버리면 은빛 조각들이
방파제에 부딪혀 하얀 단어 속에 섞인다
침대가 서성거리는 더위를 잡아먹고
방을 빠져 나가 충고를 받는다
나는 혼자 물속을 달린다
갯물을 많이 먹어 비린내 나는 입을 닦고
어디로 헤엄칠지 몰라 시도를 해보지만
많은 발들이 가로막고 있어서 빨리 걷지 못한다
나의 부족한 지식은
머릿속에 입력되어 화근을 불러들인다
지문은 닳아 없어져 버리고
배수로의 흐름과 통로는 높은 파도로 울부짖는다
생각을 계속 갈아엎는다
소리 없는 핑계 때문에
한쪽 어깨마저 떨어진다
입술을 굳게 닫고 회전목마를 탄다
투명한 얼굴로 떠다니는 오후를 붙들고
냉동창고에서 소프라노를 연주하는
물고기들이 힘차게 푸들거린다

주꾸미

남해 선구에서 태어난 아버지 구름은
롱다리가 우윳빛이다
어장에 그물을 깔다 태풍을 만났다
굵직한 다리 빨판은 윤곽이 뚜렷하다
꿈틀거리며 파도에 일렁거리다
암초 밑에 깔려 다리 하나를 잃었다
그때부터 구름은 스러지는 햇빛을 숨기고 비를 내린다
바다는 눈물을 버리지 못해 쌓아둔 양식이다
텅 비워 구겨진 바지 안에
반쯤 잘린 다리 하나를 넣으면
선뜻 털어내지 못한 개펄을 찾게 된다
낚시꾼들 꺾인 장대가 물속에서 놀면
작업하러 들어가는 남은 다리
물속에 넣으면서 소스라칠 듯 놀란다
햇빛동산은 때맞추어 출렁거리는 물에
초점 잃은 슬픔을 가두어 놓고
가파른 파도가 썰물을 탄다
고요한 달의 허벅지 지느러미 모질게 꿈틀대지만
남은 다리로서는 넓은 길을 낼 수 없다는 것

오만한 바람 앞에서
더러 개펄 속에서도
달콤한 때깔이 누렇게 주름 잡혀
오늘도 분분히 헤엄쳐 다니는
아버지는 등대다

출항하다

새카맣게 몰려온 달랑게들이
마른 목선을 타고 오른다
한 마리가 자갈 사이로 떨어진다
뒤뚱거리며 걷다 다시 오른다

기름때 묻은 옷과 살을 맞대며
갱물에서 뿌리내린 목소리를 키운다
퇴락한 배 위를 왔다 갔다 혼자 바쁘고
더 흔들리며 바로 서는 오뚝이
여름 장마가 긴장하는 배다

모래 위에 크고 작은 발자국을 키우고
땅속으로 기운 바다 모서리
선미에서 망치로 녹을 두드리고 쓸다
페인트를 입히다 말고
젖은 옷소매를 걷어 올리며
불꽃 튀는 용접을 바라본다
그러다가 눈병이 나 곤욕을 치르다가
얼굴 없는 철망이 끝나면
깊은 바다 위 새로 띄울 배 위에서

잠깐 멈춘 결빙된 시간을 깨며
묶인 쇠 매듭 스르르 푼다

달랑게 빈 고동 속으로 들어가다
다시 나와 배를 한 번 더 점검하고
모랫구멍 본집, 바다 품에 안겨
저인망을 밟아대는 가속장치가 출항한다

해양 속을 읽다

수면을 깨뜨리는 빛이 길을 낸다
역사책 넘어가는 소리에
폭풍이 밀려와 잠깐 표류하다 안전화를 신는다
몸 낮추는 숲은 껍질을 깨고
꽃그늘 속에서 부화하다
풀어진 늦은 오후는 서해안으로 떠난다
발바닥에 달콤한 메시지가 달아오른다

영해 침범한 중국어선들은
강한 불빛 속에서
바다 밑동을 싹쓸이한다

나는 자맥질하다 무심코 물의 표정을 살핀다
심해 바닥에서 빛을 찾아 숨결이 차오른다
엉덩이에 힘을 주고 세상 속으로 부딪혔지만
저 큰 나무둥치 끈질기게 저항하다 사라진다
침묵은 허공의 살에 흐르고 있을 추운 바람이다
몇 장의 귀를 닫으며 얼은 몸을 덮는다

지느러미 무섭게 푸른 잎을 틔운다

저 먼 낯설지 않는 북쪽 책갈피까지
한 세기가 페이지에 넘어간다

빛을 발산하는 산호초 밭이 일어서고
범종 소리에 발자국도 바다를 키운다
잠복하고 있던 내 의식은
깊숙이 뿌리 내린 용암 속으로 들어간다

홀로 끓이는 바다

몽상가의 연대기를 빌려 길고양이가
새끼 두 마리를 낳았다
랭보의 숲이 내리쬐는
낯선 시간 속 사각지대에 수놈은 빠져 죽었다
낙원의 공백에 맨발이 시리다
비취빛 꿈은 오염됐다
손가락은 머리끝까지 냄새를 맡는다
바람이 머물다 떠난 옥탑방에는
거미줄만 선명해 떠날 때를 기다린다
포크레인으로 땅을 파 내려가니
목구멍까지 하얀 흙이 차오른다
망가진 삽질 소리가
화끈 열 오른 비가 내린다
곱빼기로 밭고랑 길을 터준
개미들 행렬도 다 떠나가고
검은 봉지만 함께 뒹군다
유빙이 된 시멘트벽도
굴뚝 안에서 혼자다
독거노인의 말은 완성되지 못하고
백골로 멈췄다

제4부

거가대교

내재율로 흐르는 고요한 숨소리는
청진기를 귀에 댄 해풍 냄새에 간지럽다
상큼하게 무친 간이 밴 갯바람은
터널 입구에 걸어놓은 안부를 전한다
푸른 혈관에 흐르는 피는
지칠 때마다 출렁이는 어머니 심장이다
LED조명 사이로 바람이 넘어간다
두 귀는 고요한 허공에서 노닐고
마른 치맛자락에 펄럭이는 구름은
산비탈을 조금씩 파고 갉아먹는다
나무 그림자가 붉은 눈으로 숨어들 때
비린 바위의 피지가 행서체로 배어 나온다
껍질은 몇 겹이나 벗겨졌는지
새로운 시선을 이끌며 연출하느라 바쁘다
환희를 따라가지 못한
서로의 체취가 환기될 때마다
섬과 섬 사이로 이어진 탯줄은
꿈꾸는 숨소리로 출렁인다
기억 속 안테나를 끄집어내면
저 멀리서 손사래 치는
소금의 문자들이 떠들며 지나간다

도루묵 아낙네

산란을 위해 하강과 상승을 이어간다
한밤중 겨울 통발에 가족들 피신시키고
탁한 조류를 안고 잠에 빠진다
자갈치에서 수십 년간 연마한 젖은 그릇은
아직도 떨쳐 버리지 못한 방범 구역이다
순찰자의 발에 차여 생선이 나뒹굴어지면
조류에 떠밀려갈 때도 있지만
미끼 없는 통발 속으로 숨어든 어둠이 밝다
혈색 없는 늦은 귀가는
아침까지 차가운 유리벽을 훑고 지나간다
빛은 바닥에서 하늘을 보며 타오르고
경계에 부딪힌 색소는 짙다
이마에 초록을 환기시키는
젖은 아가미의 저녁은 차다
등대의 먼 불빛이 고기 상자에 엎질러질 때도
소금 꽃이 수놓은 가슴 속 곰팡이는 흰 피가 고인다
아지랑이가 계절의 눈을 살짝 감고 있을 때
몸살을 앓고 있던 조류는 조금씩 약해진다
푸른 혈관 속에서 조용히 잊혀가는

지쳐버린 물살은 녹선 미소를 머금고
떠밀린 거품에서 옷을 갈아입는다

디포리가 아무리 헤엄쳐도

펄쩍 뛰어오르다 수면 위에 엎드린 새끼들이
놀란 눈빛으로 호칭을 부른다
모기 울음소리만 내고 자란 방명록엔
늙은 사람처럼 보이는 팔이 자라고
말쑥한 손님처럼 들어앉은 목소리가 굴러간다
이불에 쌓인 먼지를 털면서 아이를 낳고
한쪽 팔은 짧아 책갈피 속에서 손을 내민다
어두운 밤바다의 숲을 지나갈 때
구름 속에서 시간은 멈추어 선다
수 만개의 눈물은 키가 자라고
열어둔 귀는 입에 걸려 있다
역광으로 끌고 가는 햇볕은
그림자만 어슬렁거리다
뿌리 깊은 착지를 찾아 정차해 보지만
결국 후들거리는 다리는 안개다
앞머리를 조금만 다듬어도 무늬는 찡그린다
훌쩍거리는 너를 부축해서 깨끗한 문을 나서고
속살까지 더듬어도 눈을 맞추지 않는 미래
노트북이 땅바닥을 뒹굴며 달려든다
비늘이 벗겨져도 내 몸만 찾는다

공포에 떠는 아가미는 물에 잠긴 목소리로
눈알만 수면 위로 들어낸다
몸살을 앓는 고질병
커다란 집게발이 몸을 뒤집어 올린다

블랙홀

방파제 안으로 들어서자
배와 배 사이 선들이 체계적이다
냄새는 꽃다발이고 커다랗다
물 위를 걷는 노을이
어두운 서랍까지 깨금발로 들어온다
밤마다 생각을 바꾸는 양철 조명은
하룻저녁 기와집을 수백 채 짓는다
해풍 냄새 옥수수염을 달고 숨어든 물거품
속이 드러날까 누구에게 마음 주지 못하고
선반에 수십 개 가면을 재워놓고
날마다 바꾸어 닦아서 쓴다
찌그러진 몸은 휘어질 듯 기울고
온몸이 바스락거린다
구석마다 구멍이 생겨
배 기슭에 선 노을이 엄마처럼 말하지
한 움큼씩 알약을 입속에 틀어 넣고
이젠 물을 마셔도 돼
식생활이 되어버린 물속엔 언제나 물이 없다
파도 속에 포말 이는 가로수
실꾸리 하얗게 엉켜 울다

초조한 거품에 떠밀려 다니다
잃어버린 시간 한곳에 눌러앉아야겠다

날치, 10월 마지막 날

달빛이 스며드는 가슴지느러미 푸른 빛은
뜨거워진 얼굴이 아픕니다
휴식을 취하던 통증이 아주 심합니다
헐렁한 외투안에서 오한이 옷깃을 세웁니다

"상태가 어떤지 말씀해 주시겠습니까?"

벙어리 명치끝이 아픕니다

테라스에서 마른 플레어 한 다발은 머리를 처박고
낯선 책임감은 저쪽으로 걸어갑니다
다른 더듬이의 시선은 내게로 전염되어 옵니다
눈물을 글썽이며
짧은 주둥이 없는 말들
걷기 시작합니다

방구석에 나뒹구는 책들은 시체
멀어지는 꿈은 유령이 되어 밤을 날아가고
사력을 다해 배냇짓을 합니다

붉은 눈앞에 지형을 갖춘
손바닥 기록은 그물코를 찢고
어제부터 잠 속에 서 있던 얼굴이 일그러져
수분 마른 겨울은 혓바닥을 탈출합니다

바다 속 전개

농바우 앞바다 깊은 물밑은
땅속에서 손짓하는 바지락이
입을 꽉 다물고 있다
뽀얀 속살에 여러 가지 문양은
거친 바람과 마주하며 흘렀던 시간이
받침돌까지 허물고 나면
물속 꽃이 꽃잎을 오므린다
이제 막 짠물을 다스리는 작은 입술과
빛의 산란이 무한하게 묻혀있는 우주다
출렁이는 물밑에 가라앉은 젖은 눈빛
가느다란 빛에 날개를 연출한다
비를 몰고 온 태풍에
거친 파도가 순간 덮쳐 몸을 들추자
비늘들이 종아리 속으로 밀려 들어온다
한 번씩 찾아오는 바다의 붉은 재앙에
 생물들이 떼죽음을 당하고, 우리들이 풀어야 할 과제
 바다는 잠으로 가고 있다
 썰물과 밀물이 밀려가고 밀려오는 모래펄 속에서
 어느새 잔잔해진 물살에 몸을 반쯤 맡기고 있으

면
    살아있는 혓바닥과 관계를 맺는다
    다산을 통해 한 단계 더 성장하고
    어느새 갈빛으로 단단해진 몸은 입을 크게 벌려 하품한다
    땅 위로 구멍만 내어놓다
    깊은 숨 몰아내고 거품 이불을 덮는다
    뽀드득 작은 소리를 내며 껍데기 속으로 숨는다

소금 발

그는
자갈치에서 바람이다
바닥에 질벅거리는 흔적을 먹고 산다
간물 배인 땅을 떠날 때는
기름때 묻은 옷을 불에 태워버린다
쌍끌이선 두 통을 나라에 간통시키고
저인망 몇 척은 헐값에 던져버리고
육지에 발을 디뎌 생각지도 못한 사람들과
동업으로 땅을 파고 집을 짓는다
전문적인 장사꾼들 놀음에 놀아나
지금까지 살아온 현실은 지워져 버린다
슬그머니 판장 주위를 돌아보다
아는 사람이 있으면 긴 골목으로 숨어들었다
다시 소금 꽃을 밟으며 무언가 찾고 있다
새삼스럽지만 적응력이 고갈되면 투둑 얼굴이 떨어진다
먼 수평선에서 얼굴을 퍼 올려도
수십 년 동안 크고 작은 울음소리 기억이 웅크리고 있다
다시 바닷가로 나올까 이 나이에 달에 뛰어들어

뭘 하겠나
  나를 채용하는 사람이나 있을까
  옛날에 가지고 놀던 수첩을 뒤적거리며
  스마트폰에다 숫자를 누르면
  모르는 목소리가 쩌렁거린다
  마음을 가라앉히고 다른 번호를 찾아 다이얼을
누른다
  "형님입니까"
  "그래그래 너 요즘 어디 있노
  뭐하고 사노, 내 좀 만나고 가라"
  목소리가 톡 튀며 그에게 힘을 불어넣어 준다
  짠물에서 놀던 발은 역시 그 주변에서 놀아야 해
  배운 도둑질 어딜 가겠나
  지금도 늦지 않다
  "소금밭에 다시 나온나"

순아 포구

 몸살 난 순아, 젖은 너를 풀어 헤치고 신열을 마신다
 포구 냄새가 나를 키운 작은 방에 앉아
 먼 기억 융숭한 힘줄을 따라
 삿대를 강바닥에 힘껏 찍어 배를 밀어 올리던 엄마를 외면했다
 객지로 빠져나간 바다, 배운 불빛을 움켜쥐고
 마을이 닫히는 소리에 체위를 바꾸는 도로변이다
 깨어진 얼굴은 무방비한 주차장 내부만
 주소록에 남겨둔 채 개발되어 가고 있다
 그대는 가고 발라드에 지친 시간만 불빛 속을 걷는다
 매립지에는 술래들이 앉아 있고 그대는 마른 비늘로 파닥거린다
 허리 굽은 방파제를 부축하며 낡은 허물로 소리를 읽는다
 녹산 수문에서 뿜어대는 젖은 불빛 속에서
 갈대꽃 사이에서 물새 떼 구르는 소리
 솜방망이에 불 붙여 주꾸미 잡으러 나가는 발자국 소리

파인 농경지는 풀잎으로 흔들리다 소스라치며 큰 눈을 뜬다
그대는 무너져가는 풍경을 선외기에 실어 나른다

스쿠버다이빙

헬멧을 쓴 물고기가 벽 속에서 헤엄쳐요
불타 없어진 서까래는 목어가 되어
생의 부위를 날려 보내고
남은 모습은 다시 눈동자로 눈부셔요
병풍 뒤에 가려져 수온이 녹고
너의 잘려나간 마음은 방향을 잃어요

바람이 콘크리트 바닥 위를 떠돌 때
갈색 머리칼은 뒤엉켜 점퍼 속으로 숨어요
어디에서 살다 왔는지 아무도 모른 채
렌즈 속으로 마음을 슬그머니 밀어 넣고
지도를 읽지 못한 눈빛은 시간에 잠겨요

빛들이 분홍빛 손거울 속에서
머리띠 고쳐 쓰고 벽에서 뛰어내려요
수영복을 벗으면 젖가슴이 사라지고
때가 되면 갈아야 하는 소모품
물속에서 비행할 때
그 너머 무성영화는 뭍으로 숨고
파래 씻던 우물은 파도가 목구멍을 닦아요

붉은 낙타 한 마리 눈자위를 깜박거리며
세상 단면이 그려진 안경을 꺼내네요

안팎

가리비가 암초 밑에서 밀애 중이다
주위에 참고동을 불러 모아 벽을 쌓고
밀애의 영역을 넓힌다

생각 차이로 말 없는 싸움을 한다
침묵은 생산적이지 못한다
다행히 한 번도 부딪친 적은 없지만

벽은 벽끼리 어깨를 민다

바깥의 비를 생각하는 샛바람
이별을 준비 못해 구름을 안고 온다
수평선 바라보니 가문비 속에 피는 구름
그 깊이를 이끌고 물 위를 걸어간다

파도는 물속에 젖가슴을 드러내고
밀애는 점점 깊어진다
냉정은 스스로 찾아오는 풍선일까
감정은 물 위를 걷돌다
가리비 파도에 옆구리가 깎인다

용기를 내어 다시 메마른 입술을 열자
물거품은 어깨를 늘어뜨린다

파도는 가장자리조차 밟지 않는다
안
밖
끊임없는 반복 속에서
더 선명해지는 우리의 눈금은 평행선이다

오아시스 마켓

껍데기는 혓바닥만 깨물고 산다
욕심이 많아 허공을 입에 물고도
검은 펄만 채운다
물속에서도 도화선은
채워지지 않는 허구의 관성이다
내장은 바람의 잔뿌리에 굳어
한 번이라도 항문에 마취가 깨어나면
구름 속을 헤쳐 나와 뽀드득거린다
일기예보는 망설임도 없이 나의 내면을 쏟는다
멀리서 뱃고동 소리가 가득한 방
심해를 건너오던 나는
물고기 밥이 되어 온 몸은 사팔뜨기 애벌레다
방파제는 방안에 엎드려 굽은 뼈로 자라다
푸른 멀미를 컴퓨터 자판 위에 토해낸다
나의 감정을 걸어 넘어지게 한 출구가
아무렇게나 구겨져 나뒹군다
소중한 것들이 잘려나가 냄새를 풍기면
홀로 목선을 타고 노를 저어댄다
바다는 아궁이에 장작불이 되어 타다가
또 서서히 죽어가는 불빛마저

무한 대로에서 얼음물에 빠져 꿈틀댄다
내 몸의 내륙은 갯벌 냄새가 짙다

오후엔, 항해 중에

안강망 고깃배는
썰물 진 좌판을 정리하며
파도의 주파수를 켠 채 끓고 있다
야윈 달의 어둠이 흩어질 때
구겨진 물살이
항해의 무게를 바람에 내려놓는다
그림자는 우뚝 멈춰 선 바다 기슭으로 눕고
숲 속을 열고 나온 눈꺼풀이 뭍을 떠날 때
생각 못했던 먼 곳에서 껍질 깨는 소리
세찬 바람이 불면 돛을 올리고
방향키를 물속으로 내던진 라이트
갇힌 새벽이 뭍으로 돌아가기 위해
조금씩 깊어지는 멀미를 선상 위에 내려놓는다
나는 오랜 울음의 귀먹은 얼굴을 묻고
먼 곳의 파도소리를 건져 올리고 있다
물빛의 흰 눈들이 하루를 영위할 수 있고
지탱하지 못한 돛의 각도는 차다
수척한 아버지 긴 꼬리에
끝없이 몸을 벗어둔 물결 위로
날아가는 날개만 일렁일 뿐
나는 나의 깊은 잠을 깨운다

안내방송

어젯밤에 안 들어온 내 워크맨이 부재중이면
방파제 옆에 불그레 익어 있는
30대 숫고동이 자고 있으니 데리고 가시기 바랍니다

바닷속에 사는 물살은 바닥에 배꼽을 물고 엎드려 있다
아파트 옆 통로 앞에 모자 눌러쓴 암고동들이
억척스레 계단을 갈아엎고 있다

암고동이 만산의 파도를 밟으며 모텔로 들어간다
저쪽 수중에서 밀려오는 요의尿意가 또 외박을 한다

남은 수온이 지느러미로 물길을 트고 있다
젖은 아가미는 물결을 찾아간다
수면 위를 내려쬐는 태양의 넓이를 손에 쥐고
낮달과 작은 입술은 관계를 맺는다
파도 위에 수초들이 망망대해를 핥고 있는 밤
검게 탄 밤 무늬가 모여앉아 파도를 흔들고 있다

우렁쉥이

우리가 건너온 동선을 켜고
당신을 만나러 바다로 가는 길은
수선스럽기만 하지요
젖꼭지 돌기가 아직도 고집스럽지요
침대 위에 뒹굴면 금방 스며드는 육체는
팝콘이 활짝 피는 꽃날이지요
올해의 꽃불은 결심들이 던져지고
맑은 물소리를 입에 물고 부화하지요
수면 위에 풀어놓은 꽃들이
씨알을 키우는 모습은
세상에게 할 말이 많았지요
오늘도 남해안으로 떠나는 짧은 오후는
향긋한 얘기만 두고 왔지요
나는 지금 당신과 불륜 중이지만
허공이라도 붙잡고 오르고 싶지요
불 한번 켜지지 않는 방에서
빨라진 심장 박동소리는
살갗을 태우지요
이제 파도의 눈꺼풀을 떼고 싶지요
내 눈길 낚아채간 모서리는

불붙은 발바닥을 올려놓고
당신의 그림자로 살고 싶지요

학동 해수욕장에서

몽돌밭에 갔었어요
여름 달밤은 무척 아름다웠어요
그 돌과 한없이 즐거워했고
많은 것 중에서도
정말 멋진 몸체 하나 발견하였어요
그런데 너무 무거워서 못 가지고 왔어요
버리기는 아깝고
그냥 두긴 싫었어요
거리낌 없이 차 주었어요
몇 발자국 못 가서
또 차 달라고 서 있었어요
다시 한 번 온 힘을 다하여 뻥 찼어요
유난히 모난 건데
파도에 부딪히고 시달려 수축한 모습
그게 자꾸 생각났어요
날 잡아 다시 찾아가 보니
흔적도 없이 사라져 버렸어요
아쉬워서 꽉 찬 달밤까지 기다렸어요
바닷가 위에 멋진 몽돌 보름달로 떠있었어요
달 속에서 살이 찌고

몽글몽글한 몽돌이였다가 달이었다가
반질반질 닳아
달 속에 숨어 버렸어요

학섬 펜션

물을 박차고 걸어 나온 풍경은
앉은자리로 찾아간다
바다 냄새 깔린 가마니 타짜
그물은 숙소에 들어가 입맛을 노리는 저격수다
이수도 풍향계 둘레는 모가지를 길게 뺀 채
외출 후 벗어놓은 얼굴이
내 팔을 길게 잡아당기고 있다
소금 발자국은 방파제에 자유롭게 들락거리는
어느 작가의 고백을 프라이팬에 굽는다
간물 머금은 나사를 풀며
아버지의 낡은 북소리에 풀지 못한 비밀
안택하던 몸은 작은 어선 위에서
만선을 위한 징소리를 바다 위에 풀어헤친다
북소리에 놀란 밤하늘은 헐렁한 귀를 키우고
잃어버린 바깥을 호명한다
선주들에게 소리비늘 오일을 충전시켜준다
늪지대를 건너오던 파편들은
보이지 않는 안개에 쌓여
휘파람으로 덮어버린다
문장들의 뇌 속은 슬픈 기억들을 간직한다

아득한 폭우의 잔고가 아직도 남아
숨을 진정시킨다

□ 해설

바다로 만나는 내면의 변주곡

구모룡 / 문학평론가

바다로 만나는 내면의 변주곡

구모룡 / 문학평론가

 바다만큼 많은 변주를 가능하게 하는 시적 대상이 있을까. 바람과 불과 대지가 있지만 변화무쌍함에 있어서 바다에 미치지 못한다. 수증기와 구름과 비로 순환하는 물이라는 범주로 바다를 포괄하려 해도 한계가 있다. 강은 내륙의 바다로 간주할 수 있으며 바다와 하천과 지하수를 모두 추상화한 물질이 물이다. 물은 모든 생명의 근원이며 본질이다. 현상의 바다를 말하려는 의도는 물의 본질주의로 쉽게 환원되지 않는다. 바다는 경험하는 사람에게 삶의 터전이자 바탕이다. 나아가서 내면을 투사하고 욕망을 표출하는 무대이다. 상처의 기억에 속박되는가 하면 명랑한 승화에 이를 수 있다.

김미순 시인의 바다도 경험과 함께하며 바다에 이끌리는 시적 지향을 보인다. 바다가 단지 관조의 대상에 머물지 않고 시적 화자의 감정과 맞닿는다. 바다와 연관된 풍경과 사물들은 시적 재현의 대상이기보다 표현의 매개이다. 모두 시인의 기억과 의식을 지나면서 언어로 표출된다. 바다의 경험을 표출하는 시인의 의식은 강렬하다. 이는 내면의 요구에 따라 사물을 포착하고 연관되는 이미지들을 끌어들이는 과정으로 나타난다. 이 과정에서 의인화와 은유는 처음의 감정 양식으로 빈번하게 동원된다. 비유기적인 형태의 은유적 나열은 표현의 의지에 상응하며 자주 맥락의 난해함을 초래한다. 이러한 가운데 다음과 같이 읽기 쉬운 시를 만난다.

> 몽돌밭에 갔었어요
> 여름 달밤은 무척 아름다웠어요
> 그 돌과 한없이 즐거워했고
> 많은 것 중에서도
> 정말 멋진 몸체 하나 발견하였어요
> 그런데 너무 무거워서 못 가지고 왔어요
> 버리기는 아깝고
> 그냥 두긴 싫었어요
> 거리낌 없이 차 주었어요
> 몇 발자국 못 가서
> 또 차 달라고 서 있었어요
> 다시 한 번 온 힘을 다하여 뻥 찼어요
> 유난히 모난 건데
> 파도에 부딪히고 시달려 수축한 모습

> 그게 자꾸 생각났어요
> 날 잡아 다시 찾아가 보니
> 흔적도 없이 사라져 버렸어요
> 아쉬워서 꽉 찬 달밤까지 기다렸어요
> 바닷가 위에 멋진 몽돌 보름달로 떠있었어요
> 달 속에서 살이 찌고
> 몽글몽글한 몽돌이였다가 달이었다가
> 반질반질 닳아
> 달 속에 숨어 버렸어요
> ―「학동 해수욕장에서」 전문

 많은 시편이 표현의 욕동에 따라 이미지와 비유의 전환을 거듭하면서 난해의 장벽을 두른 양상과 달리 이 시는 순조로운 발화로 읽는 이에게 다가온다. 사실 이 시가 예외적일 만큼 김미순의 시편(poems)은 안이한 해석을 가로막는다. 인용한「학동 해수욕장에서」가 난해함을 걷어낸 까닭이 무엇일까? 우선 화자의 태도가 하나의 사건을 담담하게 진술하는 데서 찾아진다. 이는 일종의 거리 혹은 기억의 구속에서 벗어난 상태를 의미한다. 파도에 부딪히고 시달려 수척한 모습을 지닌 몽돌과 만나고 헤어지는 과정을 통하여 시적 자아는 내면을 투사한다. 몽돌을 차버리거나 다시 찾는 행위로써 억압된 기억에서 벗어나 승화된 의식에 이른다. 몽돌이 보름달이 되는 이미지의 상승은 몽돌과 보름달의 병치가 만든 효과이자 승화의 과정에 대한 부응이다. 이처럼 승화된 의식은 시적 진술의 단순함을 도출한다.

이미지들의 돌연한 전환은 김미순의 시문형에서 도드라진 양상이다. 예를 들면 「해양 속을 읽다」의 첫 연은 "수면을 깨뜨리는 빛이 길을 낸다/ 역사책 넘어가는 소리에/ 폭풍이 밀려와 잠깐 표류하다 안전화를 신는다/ 몸 낮추는 숲은 껍질을 깨고/ 꽃그늘 속에서 부화한다/ 풀어진 늦은 오후는 서해안으로 떠난다/ 발바닥에 달콤한 메시지가 달아오른다"와 같이 진술하고 있다. 이미지들의 연쇄가 유기적이거나 인과관계로 이어지지 않는다. 표제와의 연관을 통하여 바다 텍스트를 읽는 시적 화자를 연상할 수 있을 뿐인데, 자아와 바다가 만나는 여러 가지의 의식 현상을 기술한다. 이는 마지막 연의 결구인 "잠복하고 있던 내 의식은/ 깊숙이 뿌리 내린 용암속으로 들어간다"라는 구절에 이르러 하나의 매듭을 얻는다. 시적 화자는 바다와 만나면서 잠재의식 혹은 무의식의 그림자 속으로 이끌린다. 혼재한 이미지들이 바다라는 접면과 충돌하는 자아의 표정임을 알 수 있다. 심연의 부름에 호응하는 자아는 풍경을 통해 상처를 만난다. 기억을 좇아 존재의 이면을 찾아가는 일이 먼저이고 억압된 무의식을 승화하는 일은 다음이다. "아버지의 낡은 북소리에 풀지 못한 비밀"을 따라가면서 "문장들의 뇌 속은 슬픈 기억을 간직한다"(「학섬 펜션」에서)는 사실을 자각한다.

> 안강망 고깃배는
> 썰물 진 좌판을 정리하며
> 파도의 주파수를 켠 채 끓고 있다
> 야윈 달의 어둠이 흩어질 때
> 구겨진 물살이
> 항해의 무게를 바람에 내려놓는다
> 그림자는 우뚝 멈춰 선 바다 기슭으로 눕고
> 숲 속을 열고 나온 눈꺼풀이 뭍을 떠날 때
> 생각 못했던 먼 곳에서 껍질 깨는 소리
> 세찬 바람이 불면 돛을 올리고
> 방향키를 물속으로 내던진 라이트
> 갇힌 새벽이 뭍으로 돌아가기 위해
> 조금씩 깊어지는 멀미를 선상 위에 내려놓는다
> 나는 오랜 울음의 귀먹은 얼굴을 묻고
> 먼 곳의 파도소리를 건져 올리고 있다
> 물빛의 흰 눈들이 하루를 영위할 수 있고
> 지탱하지 못한 돛의 각도는 차다
> 수척한 아버지 긴 꼬리에
> 끝없이 몸을 벗어둔 물결 위로
> 날아가는 날개만 일렁일 뿐
> 나는 나의 깊은 잠을 깨운다
> ─「오후엔, 항해 중에」 전문

「학섬 펜션」에서 등장한 '아버지'는 이 시에서 더 분명한 모습을 보인다. 시적 화자는 안강망 고깃배를 몰던 어부인 '아버지'에 대하여 회상한다. 항해가 바다에서 이뤄지는 이야기의 주요한 줄기라는 점에서 이 시는 해양시(maritime poem)의 요소를 갖추고 있다. 그런데 이 시에서 바다에서 수행되는 아버지의 노동은 구체적이지 않다. '나'의 꿈속에서 전개

되기 때문이다. 시적 화자의 '오랜 울음의 귀먹은 얼굴'이라는 구절이 상기하듯이 아버지의 항해는 순탄하지 못한 귀결을 보인다. 이는 '구겨진 물살', '항해의 무게', '껍질 깨눈 소리', '방향키를 물속으로 내던진 라이트', '갇힌 새벽', '지탱하지 못한 돛' 등의 표현들이 만든 정황과 연관된다. 물론 시 속의 정황이 반드시 가족사의 사실과 일치하지는 않는다. 그럼에도 "수척한 아버지 긴 꼬리에/끝없이 몸을 벗어둔 물결 위로/ 날아가는 날개만 일렁일 뿐/ 나는 나의 깊은 잠을 깨운다"는 결구의 전언이 예사롭지 않다. 바다로 사라지는 아버지의 모습과 깊은 잠에서 깨어나는 화자의 대비가 선연하다. 아버지 이야기는 억압된 기억이 꿈으로 상기되는 과정이기도 하고 시인의 의지에 의한 호명이기도 하다. 시를 쓰면서 시인은 기억하고 호명하는 두 가지 차원을 병행한다. 아버지는 환상으로 출현하거나(「바다를 네일하다」에서) 상처로(「꽃문어 탈북자」에서) 되살아난다. 시인과 함께한 삶의 추억(「방파제」에서)이자 시인의 삶을 인도하는 "등대"(「주꾸미」에서)이다.

    정월만 되면
    아버지 낡은 배는 새벽을 건너온다
    북소리 몰고 다니다가 풀어야할 듯
    시달리는 난파선의 출렁거림
    어둠을 맴도는 가문비
    달빛은 잠인지 죽음인지 바다 위로 떨어진다

출렁거리는 배 위에서 해를 집어올린다
잠은 불어 있는 우동처럼 끊어지고

거친 저 바닷속 갈망은 북소리로 울어댄다
지그재그 꼬인 매듭을 풀어
험난한 바람이 수놓은 허공에서 흔들리다
무거운 이마만 때리고 달아난다

창호지 구멍 사이로
실핏줄 햇살은 얼굴을 달군다
주름진 정원이 문지방에 찾아든다
설움의 각질 나에게 다가와 체하지 않게 꼭꼭 씹어 먹어라
아픈 손길을 토해 내신다
내 작은 옷깃은 바스락거리며

이제 아버지 빈 바다는 썰물 되어 빠져나간 자리다

먹물 먹은 북소리 배 끝에서 멈칫거리다
어느 날에는 낡고 주름진 소리
이유 없이 내 귀를 두드린다
　　　　　　　　－「저 난바다 북소리」 전문

　"이제 아버지 빈 바다는 썰물 되어 빠져나간 자리다"라는 4연의 진술을 얻은 이 시는 기억의 구속에서 놓여 어느 정도 시적 거리를 만든 형국이다. 아버지는 1연의 진술처럼 재귀적 반복의 양상으로 출몰하면서 시인에게 상처의 표상이 된다. 시적 화자의 꿈속에 아버지의 난파선이 등장하면서 잠은 끊어지고 만다. 삶과 죽음이 공존하고 몸과 혼백이 함께하

는 바다에서 북소리는 해원의 갈망을 담는다. 2연이 말하듯이 '꼬인 매듭'을 풀고 새로운 삶을 염원한다. 새벽에서 아침으로, 어둠에서 빛으로, 그 사이의 경계를 지나면서 존재의 변화가 일어난다. 3연에서 시적 화자는 설움의 시간을 견뎌내면서 신생의 예감을 얻는다. 4연의 화자는 바다는 상처의 기억이 자리한 곳이자 상처를 치유하는 장소임을 안다. 말할 것도 없이 5연은 상처와 치유의 과정이 여전히 반복될 수 있음을 예고한다. 시인은 나선 형태의 진술로써 상처에서 벗어나 현재의 시간 속으로 귀환한다. 이처럼 아버지의 추억은 바다로 이끌리는 시인의 시적 지향을 잘 말해준다. 상처 난 기억을 되묻는 과정을 통하여 치유의 길을 연다. 미래지향의 상상에 이를 수 없는 환상(fancy)은 상처의 흔적인 이미지들의 부정합 상태를 표출한다. 비유기적이고 초현실적인 은유의 언어들은 거듭 내면의 소리를 들으면서 일상의 풍경 속으로 회귀하려는 의지를 표출한다. 이러한 점에서 「저 난바다 북소리」가 차지하는 시적 위치가 뚜렷하다.

> 입술을 굳게 닫은 문장들은
> 밤새도록 젖은 옷을 벗고
> 얼다, 떨다, 뛰다
> 시간 속 난바다를 사투한다
> 나는 바위 사이에서 차가운 낚시에 걸린다
> 게거품 토해낸 항구

> 검은 목선을 가슴 속에 넣고도
> 바닷냄새가 좋다며
> 청춘과부는 뒤집혀진 구름 근처를 서성이고 있다
> 구겨진 낙타 등을 짊어지고
> 늙은 제상에 향불을 피운다
> ─「굳게 닫힌 풍랑」부분

시인이 만나는 바다는 아버지의 기억만 아니다. 인용한 시가 말하듯이 기투하며 극복해나가야 할 존재의 상황을 아우른다. 어쩌면 시인의 글쓰기도 이와 같아서 문장들을 얻기 위해 난바다를 사투한다. 낚시에 걸리고 검은 목선을 가슴에 품고서 뒤집힌 구름 근처를 서성이며 사막을 가는 낙타처럼 등을 짊어지고 제상에 향불을 피우는 존재의 고투. 김미순 시인에게 시 쓰기는 순조로운 기술이 아니라 부딪히고 파고들며 헤쳐나오는 과정이다. 이 과정에서 이미지들의 병치 현상이 나타난다. 「도다리가 섬을 건너가는 밤」을 통해 시인은 낚시꾼에게 잡힌 도다리에 자신의 심경을 투사한다. "A4용지에 풀어놓은 차가운 비밀은 쓴맛"이라는 구절이 시인이 직면한 시작의 정황이라 해도 지나치진 않으리라고 생각한다. 여하튼 시인에게 바다는 기억, 상처, 상실, 고통과 무연하지 않다. 그에게 시는 "어둠을 퍼내는 삽질소리"(「렌즈 속에 심장을 담그다」에서), "냉각기의 발원지를 찾아내기"(「갈전갱이 생각나누기」에서), "치명적인 물속 상처"(「욕지도」에서)와 연루한다.

> 조명이 켜지고 혼자 중얼거린다 물속으로 깊은 내가 걸어간다 투명한 소금물에 잘린 손가락이 지나간다 나는 광활한 백지 위에서 바다를 불러 모은다 가난한 촛불을 초대한다
> —「천개의 행성을 품다」부분

이와 같은 진술이 함의하듯이 시인의 시적 과정은 어둠, 그림자, 상처, 기억으로 들어가 '가난한 촛불'을 밝히려는 노력과 같다. 바다는 이러한 과정에서 죽음과 재생, 어둠과 빛, 상실과 회복, 고통과 희망 등의 양가성을 지니는데 이는 바다의 원형적 심상이기도 하고 시인의 경험 속에 자리하는 의미망이기도 하다.「나는 저울입니다」가 말하듯이 시인은 바다와 섬에서 뭍으로 이동하는 삶을 산다. 이와 같은 시인의 경험을 통해 지속적인 바다의 구속을 느낀다.: "처음 뭍으로 이사 올 때/ 밖은 무한히 열려 있었지만/ 내가 딛는 발밑은 질퍽했어요/ 짙은 안개를 쳐내느라 시간을 다 써 버렸지요/ 작은 봉창에 햇볕이 가지를 뻗고 꽃을 피웠어요/ 햇빛이 손끝에 묻어날 듯 말 듯/ 귀가 바다를 담으면 무거워지듯/ 그것도 구속이었어요."(「저는 저울입니다」에서) 바다는 시인에게 몸의 균형상태를 유지하게 하는 기제이다. 곧장 뭍의 일상을 노래할 수 없는 까닭이 여기에 있다. 바다는 단순하게 시적 대상으로 선택되지 않았으며 시인의 존재를 표현하는 방식이 된다. 바다와 더불

어 "민얼굴을 하고 있는 나"(「바람의 여행법」에서)를 만난다.

바다가 삶의 균형추가 되었듯이 시인에게 한편으로 원체험의 바다가 있다면 다른 한편으로 일상과 생활의 바다가 있다. 아버지의 기억으로 대표된 원체험의 바다가 죽음, 상처, 어둠, 그림자로 표상된다면 일상의 바다는 기억의 구속에서 놓여나거나 승화된 이미지로 표백된다. 가령 「외포항에서」는 "날개를 파닥거리며 혈관을 말리는 멸치"를 포착하고서 "그 옆에 나도 햇볕을 받아 모으고 있다"고 진술한다. 사물과 자아를 나란히 두는 시법을 통해 삶을 관조한다. 병치의 기법은 목선과 달랑게를 함께 그린 「출항하다」에서 그 묘미를 더한다. 「박대가리」와 「칠갑둥어의 꼭짓점」은 물고기의 모양과 생태에 얽힌 이야기를 진술한다. 우렁쉥이를 통해 에로스를 말하거나(「우렁쉥이」에서) 불가사리의 "강한 생명력"을 발견하는 대목에서(「불가사리를 해부하다」에서) 바다가 삶의 활력의 등가물임을 알게 한다. "경매하는 마음과 몸이 모두 바다다"로 끝을 맺는 「경매」 또한 제목처럼 경매과정을 서술하고 있다. 이처럼 바다를 매개로 한 시인의 시적 변주는 다채롭다. 그만큼 내면을 응시하면서 외부로 관심을 확장한 탓이다. 시집의 표제시인 「참치 하역사」는 시인의 확장된 관심에 부응한다. 냉동되는 참치에 투사된 시적 자아의 표정이 진지하다. "나는 심해에 잠겨있는 경고를 하나씩 되새긴다"라고 진술하고 있듯이 "끓고 있는 내면"과 차가운 외부가 조응하면서 시적 긴장(tension)을 일군다.「거가대교」는 "환희를 따라가지 못한/ 서로의 체취가 환기될 때마다/섬과 섬 사이로 이어진 탯줄은/ 꿈꾸는 숨소리로 출렁인다/ 기억 속 안테나를 끄집어내면/ 저 멀리서 손사래 치는/ 소금의 문자들이 떠들며 지나간다"는 문장을 얻고 있다. 기억에서 풀려난 환희의 자아를 노래한 셈이다. 하지만 내면을 노래하는 시에 이르면 이미지와 언어는 바다에의 구속과 난해한 어법으로 바뀐다. 가령 다음의 시가 한 예인데, 여기서 일상의 환희를 구가한 시편과 시작의 선후를 알 길이 없다. 그럼에도 내면과 외부가 순차적이거나 대체의 관계가 아니라는 점에서 일상의 시와 내면의 시가 공존하는 현상을 주목하게 된다.

> 일기예보는 망설임도 없이 나의 내면을 쏟는다
> 멀리서 뱃고동 소리가 가득한 방
> 심해를 건너오던 나는
> 물고기 밥이 되어 온 몸은 사팔뜨기 애벌레다
> 방파제는 방안에 엎드려 굽은 뼈로 자라다
> 푸른 멀미를 컴퓨터 자판 위에 토해낸다
> 나의 감정을 걸어 넘어지게 한 출구가
> 아무렇게나 구겨져 나뒹군다
> 소중한 것들이 잘려나가 냄새를 풍기면
> 홀로 목선을 타고 노를 저어댄다

> 바다는 아궁이에 장작불이 되어 타다가
> 또 서서히 죽어가는 불빛마저
> 무한 대로에서 얼음물에 빠져 꿈틀댄다
> 내 몸의 내륙은 갯벌 냄새가 짙다
> ―「오아시스 마켓」 부분

 다시 말하자면 내면과 외부는 배타적인 선택지가 아니다. 이들은 존재의 진자운동을 의미하며 무수한 관계양상을 드러낸다. 확실히 시인의 의식이 내면을 지향할 때 시의 언어는 난해의 장벽을 만든다. 이와 달리 외부의 일상을 향할 때 구체적인 사실을 포착한다. 인용한 시가 말하듯이 내면의 언어는 거의 자유연상에 가깝다. "내 몸의 내륙은 갯벌 냄새가 짙다"는 결구에 이르러 시인의 의도를 알게 된다. 「안팎」에서 시인은 "안/ 밖/ 끊임없는 반복 속에서/ 더 선명해지는 우리의 눈금은 평행선이다"라고 진술한다. 어떤 의미에서 내면과 외부가 만나야 하거나 포개져야 할 이유는 없다. 자아의 분열은 시적 확장을 유인한다. 은유에 의한 동화와 투사가 모든 바람직한 시적 해결책의 통로가 되진 않는다. 내면과 외부의 진자운동 사이에서 동화와 투사가 빈번하게 활용될 뿐이다. 예를 들어 「디포리가 아무리 헤엄쳐도」는 '디포리'에 시적 화자의 그림자를 투사한다. "몸살을 앓는 고질병"이라고 요약하고 있지만 시인의 정황은 "노트북이 땅바닥을 뒹굴며 달려든다"는 진술로써 암시될 뿐이다. 이와 달리「백로」에서 보이는 투사의 감정 양식은 생태환경에 대한 비판과 더불어 존재의 상황을 보기 좋게 진술한다. 외부의 현실을 묘사한 시로「순아 포구」를 들 수 있다. 낙동강 하구 유역에 위치한 포구의 "무너져 가는 풍경"을 특유의 어법을 살리면서 그려낸다. 여기서 주목을 끄는 시로「소금 밭」을 들지 않을 수 없다. 한 선원의 삶을 서술하고 있는 이 시에서 내면의 시가 보인 난해의 장벽은 깡그리 걷혀 있다.

> 그는
> 자갈치에서 바람이다
> 바닥에 질벅거리는 흔적을 먹고 산다
> 간물 배인 땅을 떠날 때는
> 기름때 묻은 옷을 불에 태워버린다
> 쌍끌이선 두 통을 나라에 간통시키고
> 저인망 몇 척을 헐값에 던져버리고
> 육지에 발을 디뎌 생각지도 못한 사람들과
> 동업으로 땅을 파고 집을 짓는다
> 전문적인 장사꾼들 놀음에 놀아나
> 지금까지 살아온 현실은 지워져 버린다
> 슬그머니 판장 주위를 돌아보다
> 아는 사람이 있으면 긴 골목으로 숨어들었다
> 다시 소금 꽃을 밟으며 무언가 찾고 있다
> 새삼스럽지만 적응력이 고갈되면 투둑 얼굴이 떨어진다
> 먼 수평선에서 얼굴을 퍼 올려도
> 수십 년 동안 크고 작은 울음소리 기억이 웅크리고 있다
> 다시 바닷가로 나올까 이 나이에 달에 뛰어들어 뭘

하겠나
　나를 채용하는 사람이나 있을까
　옛날에 가지고 놀던 수첩을 뒤적거리며
　스마트폰에다 숫자를 누르면
　모르는 목소리가 쩌렁거린다
　마음을 가라앉히고 다른 번호를 찾아 다이얼을 누른다
　"형님입니까"
　"그래그래 너 요즘 어디 있노
　뭐하고 사노, 내 좀 만나고 가라"
　목소리가 톡 튀며 그에게 힘을 불어넣어 준다
　짠물에서 놀던 발은 역시 그 주변에서 놀아야 해
　배운 도둑질 어딜 가겠나
　지금도 늦지 않다
　"소금밭에 다시 나온나"

　　　　　　　　　　　　　　 -「소금 밭」전문

　전문을 인용하였지만, 해석의 과잉을 요구하지 않는 시편이다. 뭍에서 실패한 선원이 다시 바다로 간다는 이야기를 전하고 있다. 사회학적인 문제를 다룬 셈이다. 선원은 이처럼 뭍에서 실패하는가, 라고 되묻는 일은 현명하지 않다. 이보다 시인이 현실을 다루는 시에서 내면의 시가 보인 시법을 탈피하고 있다는 사실이 주목된다. 외부의 사물이나 인물을 대상으로 할 때 시인의 태도와 어조는 크게 변화한다. 그만큼 내면의 인력이 크다는 방증이다. 시 속의 주인공을 내세운 인용시의 경우 일정한 서사를 바탕에 두는데, 이는 내면의 시가 노정한 난해의 시법을 극복하는 계기가 될 수도 있다. 아버지의 생애나 가족사를 대상으로 삼는 이야기시의 출현이 기대된다. 물론 「소금 밭」을 위시하여 역시 어떤 바다 사람을 이야기하고 있는 「후유증」과 같은 예외를 강조하려는 의도는 없다. 이 글의 첫머리에서 언급한 「학동 해수욕장에서」와 같은 승화의 방법도 의의가 있다. 탈승화도 은유를 넘어서는 명징한 이미지의 조합을 얻는다면 분위기의 시에 이르는 길이 된다. 이 모든 가능성의 지평이 열려 있다는 점에서 김미순 시인의 시적 전도는 밝다. 늦은 실험과 기획이 더 높은 시적 성취로 이어질 수 있도록 낡은 언어와의 싸움이 더욱 치열해야 한다. 이를 위해 의식이 투명해지고 명랑해지는 기다림이 요청된다. 시는 과정이므로 어떤 목표에 조급하면 곤경을 맞는다. 시인은 이미 "푸른 물결의 서술법을 찾으러/ 한 발 두 발 얹어놓은 문체는 다양하다"(「금요일의 기록」에서)는 사실을 자각하고 있다. 이제 방법의 다양성이 아니라 고유의 개성으로 특이성을 고집해야 한다. 이는 시인이 의도하는 해양의 시와 무관하다. 장르는 결과일 뿐이며 미리 전제될 때 시적 지평을 제약하는 부정적 요인에 불과할 따름이다. 이 점은 김미순의 시를 두고 해양시의 범주를 논하지 않는 까닭이다.

  김미순의 시는 바다 경험을 매개로 내면을 성찰하고 외부를 묻는다는 점에서 시적 지평의 긴장된 가능성을 제시한다. 심리적 기제에 저항하며 상처의 기억을 표출하는 내면 언어가 불연속적인 이미지들을 형성하는 과정이 절실하다. 쉽게 외부와 타협하지 않는 시적 긴장의 묘미도 적지 않다. 시편들에 내재한 난해의 장벽은 시인의 존재론적인 기투를 말하기도 하고 의지의 상한을 의미하기도 한다. 내면과 외부의 긴장을 놓치지 않으면서 자기만의 어법을 심화할 때 시인의 시적 개성은 더욱 도드라지리라 믿는다. 더 많은 실험이 아니라 기다림을 감수하는 집중을 선택할 때가 되었다. 기다림의 과정에서 존재와 공명하는 시를 얻는 일이 요긴하다.

참치 하역사
시와사상 시인선 30

찍은날 | 2018년 10월 23일
펴낸날 | 2018년 10월 26일

지은이 | 김미순
발행인 | 김경수
펴낸곳 | 시와사상사
부산광역시 금정구 부곡동 325-36번지
전화 : 051-512-4142
팩스 : 051-581-4143
E-mail : sisasang94@naver.com
http://www.sisasang.co.kr

등록번호 | 제05-11-7호
등록일자 | 2005년 7월 18일

인쇄처 | 도서출판 세리윤

값 9,000원

ISBN 978-89-94203-23-2 04810
ISBN 978-89-958264-1-6 (세트)

- 본 도서는 2018년 부산문화재단 지역문화예술육성지원사업의 일부지원으로 시행됩니다
- 이 도서의 국립중앙도서관 출판예정도서목록(CIP)은 서지정보유통지원시스템 홈페이지(http://seoji.nl.go.kr)와 국가자료공동목록시스템(http://www.nl.go.kr/kolisnet)에서 이용하실 수 있습니다. (CIP제어번호 : CIP2018033179)
- 잘못된 책은 바꾸어 드립니다.
- 지은이와 협의에 의해 인지는 생략합니다.